Millicent Shacklebolt

Das inoffizielle Harry-Potter-Buch der Zaubersprüche und magischen Gegenstände

Der ultimative Fanguide

Dieses Buch ist kein offizielles Lizenzprodukt und wurde weder von J. K. Rowling, ihrem Verlag noch von Warner Bros. Entertainment Inc. autorisiert, genehmigt oder lizenziert.

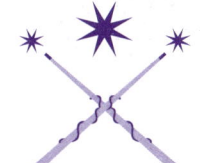

INHALT

Ein Wort zu Zaubersprüchen 4

Zauber ohne Worte und Zauberstab 5

Zauberstabhölzer 6

Die besten Zauberstabkerne 9

Kapitel 1: Allgemeine Zauber 10

Kapitel 2: Änderungszauber 44

Kapitel 3: Verwünschungen, Verhexungen und Flüche 99

Kapitel 4: Magische Gegenstände 135

Ein Wort zu Zaubersprüchen

Hexen und Zauberer brauchen zum Zaubern nicht unbedingt einen Zauberstab (dazu mehr auf der nächsten Seite), aber Zauberstäbe helfen sehr dabei, sich zu konzentrieren. Die besten Ergebnisse erzielt man mit einem Stab, den man gewonnen oder geerbt hat, sowie mit einem neuen Stab, der einen »gewählt« hat. Übungsduelle sind nicht geeignet, um einen Zauberstab zu gewinnen, denn der Stab spürt, dass es nicht ernst ist. Man sollte auch beachten, dass ein gewonnener Zauberstab – mit Ausnahme des Elderstabs – immer eine gewisse Loyalität seinem ehemaligen Besitzer gegenüber haben wird.

> **ANMERKUNG** Du kannst jeden Gegenstand nutzen, um deine Magie zu lenken, aber ein fremder Zauberstab, den du nicht gewonnen hast, wird dir Unbehagen bereiten.

Vorsicht mit beschädigten Zauberstäben, die nur noch sehr unzuverlässig funktionieren. Sie sollten auf jeden Fall erst repariert werden, bevor man mit ihnen weiter zaubert.

Zauberband ist definitiv keine »professionelle Reparatur«.

Zauber ohne Worte und Zauberstab

Ungesagte Zauber und solche ohne Zauberstab sind extrem schwierig zu meistern, obwohl fast alle jugendlichen Magier unter großem Stress Spontanzauber können. In Hogwarts lernen die Schüler ungesagte Zauber erst ab dem sechsten Jahr, während das Zaubern ohne Stab nur den begabtesten Zauberern und Hexen vorbehalten bleibt. Es findet sich häufiger in Kulturen, die traditionell ohne Stab zaubern.

ZAUBERMOMENT In *Der Orden des Phönix* kann Harry Potter den Lumos-Zauber in einer dunklen Gasse nutzen, um seinen heruntergefallenen Zauberstab wiederzufinden. Das ist ein schönes Beispiel für eine enge Bindung zwischen einem Zauberstab und seinem Besitzer.

Zauberstabhölzer

Neben seinem Kern und seinem Meister beeinflusst auch das Holz, aus dem der Zauberstab gefertigt ist, dessen Charakter und Temperament. Nur sehr wenige Baumarten sind überhaupt für Zauberstäbe geeignet.

Bowtruckles nisten nie in gewöhnlichen Bäumen.

AHORN Eignet sich gut für einen entschlossenen Meister, der gerne reist.

AKAZIE Liefert wählerische Stäbe, die nur für ihren Besitzer funktionieren.

APFEL Ein machtvolles Holz, das sich aber nicht für schwarze Magie eignet.

BERGAHORN Bindet sich gerne an Abenteuerlustige. Langweilt sich bei alltäglichen Anforderungen schnell.

Rons erster Zauberstab gehörte einst Charlie.

BIRNE Eines der widerstandsfähigsten Hölzer. Wählt oft weise und warmherzige Besitzer.

BUCHE Nicht gut für engstirnige Zauberer und Hexen geeignet.

EBENHOLZ Hervorragend für Duelle und Verwandlungen geeignet, besonders für selbstsichere Hexen und Zauberer.

EIBE Liefert besonders starke Duellzauberstäbe. Wählt gerne sowohl Helden als auch Schurken.

Voldemorts Zauberstab

EICHE Liefert äußerst loyale Zauberstäbe, die ebenso loyale Besitzer bevorzugen.

ERLE Bindet sich gerne an freundliche Hexen und Zauberer.

ESCHE Äußerst loyal. Funktioniert nur für seinen wahren Besitzer wirklich gut.

ESPE Gut für Kampfmagie, wird oft von Duellanten verwendet.

FICHTE Nicht für zögerliche Hexen und Zauberer geeignet. Funktioniert am besten für selbstsichere Besitzer mit Sinn für Humor.

HARTRIEGEL Ergibt eigenartige Stäbe, die sich ungesagten Zaubern verweigern.

ZAUBERSTABHÖLZER

HASELNUSS Ungeeignet für Besitzer, die ihre Launen nicht unter Kontrolle haben. Das einzige Zauberstabholz, das unterirdisches Wasser entdecken kann.

HOLUNDER Diese Zauberstäbe sind die seltensten und extrem schwierig zu meistern. Sie wählen oft herausragende Meister.

KASTANIE Wird häufig von Hexen und Zauberern bevorzugt, die mit magischen Tierwesen und Kräuterkunde arbeiten.

KIRSCHE Sehr selten, entwickelt oft zerstörerische Macht.

LÄRCHE Verleiht seinem Besitzer mehr Selbstvertrauen.

LORBEER Passt gut zu einem apathischen Besitzer. Funktioniert hervorragend für einen Meister, der nach Ruhm strebt.

PAPPEL Funktioniert zuverlässig gut. Wählt einen prinzipientreuen Besitzer.

PINIE Eignet sich gut für ungesagte Zauber. Wählt grundsätzlich Individualisten.

ROTEICHE Passt gut zu einem Besitzer mit schnellen Reflexen und eignet sich hervorragend für Duelle.

ROTHOLZ Soll Glück bringen und wählt geschickt Besitzer, die zu klugen Entscheidungen neigen.

SCHWARZDORN Besonders gut für Kämpfer geeignet, bindet sich durch gefährliche Erlebnisse enger an seinen Besitzer.

SCHWARZNUSS Bindet sich gut an einen feinfühligen Besitzer. Kann besonders gut für Änderungszauber funktionieren.

SILBERLINDE Wird für seine ungewöhnliche Farbe geschätzt und eignet sich besonders für Seher und Legilimentoren.

STECHPALME Eignet sich gut für sehr emotionale Besitzer. Wählt oft einen Meister, dem eine gefährliche Mission bevorsteht. ← *Harrys Zauberstab*

TANNE Hervorragend für Verwandlungen geeignet, bevorzugt entschlossene und selbstbewusste Besitzer.

ULME Bevorzugt würdevolle Besitzer und ermöglicht besonders elegante Zauber mit wenigen Unfällen oder Fehlern.

VOGELBEERE Liefert besonders starke Defensivzauber. Wählt gerne besonders rechtschaffene Hexen und Zauberer.

WALNUSS Bindet sich meist an besonders intelligente Besitzer. Ist in den Händen moralisch ungefestigter Zauberer eine gefährliche Waffe.

WEIDE Besitzt Heilkräfte. Wählt oft unsichere Besitzer. ← *Rons zweiter Zauberstab*

WEINREBE Wählt gerne Besitzer, die Außergewöhnliches leisten wollen.

WEISSBUCHE Bindet sich lebenslang an seinen Besitzer. Wählt gerne leidenschaftliche Meister mit einer Vision. *Hermines Zauberstab*

WEISSDORN Gut für Flüche und Heilzauber geeignet.

ZEDER Wählt häufig besonders scharfsinnige Hexen und Zauberer.

ZYPRESSE Bindet sich besonders gut an ritterliche und selbstlose Zauberer. ← *Remus' Zauberstab*

LÄNGE UND BIEGSAMKEIT

LÄNGE Die meisten Zauberstäbe sind zwischen 23 und 36 Zentimeter lang, wobei längere Stäbe sich zu lebhaften und zur Dramatik neigenden Personen hingezogen fühlen. Kürzere Stäbe wählen gerne Hexen und Zauberer, die elegantere Magie bevorzugen. Zauberstäbe unter 20 Zentimeter Länge wählen oft Besitzer, denen es an Charakter mangelt.

BIEGSAMKEIT Die Flexibilität eines Zauberstabs ist oft ein Hinweis auf die Anpassungsfähigkeit seines (gewählten) Besitzers. Dies ist aber nur ein Faktor, der zusammen mit Kern, Holzart und Länge sowie der Persönlichkeit und Erfahrung des Besitzers die individuelle Eigenart des Zauberstabs bestimmt.

Die besten Zauberstabkerne

Zauberstabmacher in aller Welt nutzen eine Vielfalt magischer Substanzen für Zauberstabkerne, aber Garrick Ollivander verarbeitet ausschließlich Einhornschweifhaar, Drachenherzfaser und Phönixfedern.

DRACHENHERZFASER Ein Zauberstab mit dem Kern einer so mächtigen Kreatur produziert selbstverständlich auch die stärkste Form der Magie. Außerdem lernt er schnell und bindet sich stark an seinen Besitzer (selbst, wenn er neu ist). Allerdings muss man auch wissen, dass Drachenherzfaser das temperamentvollste der drei wichtigsten Kernmaterialien ist und sehr schnell Unfälle produziert.

EINHORNSCHWEIFHAAR Ergibt zuverlässige Zauberstäbe, die selten blockieren. Die Stäbe sind äußerst loyal und moralisch und nur sehr schwer für schwarze Magie zu verwenden. Falsch angewendetes Einhornschweifhaar kann auch schwache Magie liefern und »absterben«, sodass es ersetzt werden muss.

PHÖNIXFEDER Daraus sind die seltensten Zauberstabkerne. Sie können die größte Vielfalt an Zaubern erzeugen und sind als sehr eigensinnig bekannt, was vielen Hexen und Zauberern nicht geheuer ist. Stäbe mit Phönixfederkern sind bei der Auswahl ihres Besitzers oft besonders wählerisch und können schwierig zu beherrschen sein.

Weitere bekannte Kernmaterialien: Veelahaar, Thestralschweifhaar, Trollbarthaar, Horn der Gehörnten Schlange, Basiliskenhorn

KAPITEL 1

ALLGEMEINE ZAUBER

Alle bekannten Gegenzauber, Heilzauber, Verwandlungszauber und sonstige Zauber

Eine Verwandlung ändert die Funktion oder das Wesen eines Gegenstands.

Anapneo

ART Heilzauber

VERWENDUNG Macht die Atemwege frei.

WORTHERKUNFT Anapneo bedeutet im Griechischen »ich atme«.

ZAUBERMOMENT In *Der Halbblutprinz* hilft Horace Slughorn damit einem Schüler, der sich an seinem Essen verschluckt hat.

> **ANMERKUNG** Dieser Zauber hilft in jeder Situation, in der jemand etwas in den falschen Hals bekommen hat.

Apparieren

ART Teleportationszauber

VERWENDUNG Sich von einem Ort zum anderen versetzen.

WORTHERKUNFT Im Lateinischen bedeutet appareo »sichtbar werden« oder »erscheinen«.

ZAUBERMOMENT In *Der Halbblutprinz* besuchen Harry und die anderen Sechstklässler einen Apparierkurs. Sie benötigen zum Apparieren Ziel, Wille und Bedacht.

EMPFOHLENE BEWEGUNG Drehung auf der Stelle.

> **ANMERKUNG** Hexen und Zauberer müssen 17 Jahre alt sein, bevor sie die Apparierprüfung ablegen können. Minderjährige Zauberer dürfen Seit-an-Seit-Apparieren.

Nur nicht zersplintern!

∽ ALLGEMEINE ZAUBER ∽

Arania Exumai

ART Zauberspruch

VERWENDUNG Wehrt Spinnen ab.

WORTHERKUNFT Im Lateinischen bedeutet *aranea* »Spinne«, während *exumai* vermutlich von *exuere* (»zurückweisen«) oder *eximere* (»verbannen«) abstammt.

ZAUBERMOMENT Im Film *Die Kammer des Schreckens* rettet Harry sich und Ron im Verbotenen Wald mit diesem Spruch vor Acromantulas.

> **ANMERKUNG** Das vom Zauber Arania Exumai erzeugte Licht ist sehr heiß, wie man an den Brandspuren eines knapp danebengegangenen Zaubers sieht.

Austauschzauber

ART Verwandlungszauber

VERWENDUNG Lässt zwei Gegenstände den Platz tauschen.

WORTHERKUNFT k. A.

EMPFOHLENE BEWEGUNG

ZAUBERMOMENT Hermine überlegt, ob Harry in der ersten Aufgabe des Trimagischen Turniers die Zähne des Drachen gegen Weingummis austauschen könnte, verwirft die Idee aber, weil Drachenhaut für Zaubersprüche besonders schwer zu durchdringen ist.

> **ANMERKUNG** Minerva McGonagall zufolge ist dieser Zauber sehr einfach, aber in *Der Feuerkelch* hat Neville Longbottom besonders große Probleme damit und tauscht seine eigenen Ohren gegen einen Kaktus aus.

Avifors

ART Verwandlungszauber

VERWENDUNG Verwandelt das Ziel in einen Vogel, einen Vogelschwarm oder (gelegentlich) auch Fledermäuse.

WORTHERKUNFT Im Lateinischen bedeutet *avis* »Vogel« und *forma* »Form«.

ZAUBERMOMENT Minerva McGonagall unterrichtet diesen Zauber im ersten und zweiten Schuljahr.

> **ANMERKUNG** Dieser Zauber kommt nur in den Videospielen und im Sammelkartenspiel vor.

Avis

ART Beschwörungszauber

VERWENDUNG Beschwört Vögel aus der Zauberstabspitze.

WORTHERKUNFT Im Lateinischen bedeutet *avis* »Vogel«.

EMPFOHLENE BEWEGUNG Drehung auf der Stelle.

ZAUBERMOMENT Garrick Ollivander verwendete diesen Zauber, um beim Trimagischen Turnier von 1994 die Zauberstäbe der Trimagischen Champions zu überprüfen.

> **ANMERKUNG** Bei der Anwendung dieses Zaubers qualmt der Zauberstab des Anwenders und produziert einen lauten Knall.

∽ ALLGEMEINE ZAUBER ∽

Blasenzauber

ART Beschwörungszauber

VERWENDUNG Erzeugt langlebige Blasen.

WORTHERKUNFT k. A.

ZAUBERMOMENT Filius Flitwick verwendet diesen Zauber, um in *Der Stein der Weisen* den Weihnachtsbaum in der Großen Halle zu schmücken.

> *ANMERKUNG* Auch Rons kaputter Zauberstab produzierte Blasen, was aber wahrscheinlich nichts mit diesem Zauber zu tun hatte.

Brackium Emendo

ART Heilzauber

VERWENDUNG Heilt gebrochene Knochen.

WORTHERKUNFT Im Lateinischen bedeutet *bracchium* »Arm« und *emendo* »ich füge zusammen«.

ZAUBERMOMENT Gilderoy Lockhart verpfuscht diesen Zauber an Harry, sodass dessen gebrochene Armknochen verschwinden, statt zusammenzuheilen.

> *ANMERKUNG* Ob dies ein legitimer Heilzauber ist, ist umstritten.

Crinus Muto

ART Verwandlungszauber

VERWENDUNG Ändert Haarfarbe und -schnitt des Anwenders.

WORTHERKUNFT Im Lateinischen bedeutet *crinis* »Haar« und *muto* »ich verändere«.

ZAUBERMOMENT In *Der Halbblutprinz* verpasst Ron sich einen prachtvollen Schnäuzer, während er diesen Spruch im Verwandlungsunterricht übt.

> **ANMERKUNG** Dieser Zauber wird in *LEGO Harry Potter: Die Jahre 5–7* zum Verändern von Haarfarbe und -schnitt verwendet.

Draconifors

ART Verwandlungszauber

VERWENDUNG Verwandelt kleine Gegenstände in Drachen.

WORTHERKUNFT Im Lateinischen bedeutet *draco* »Drache« und *forma* »Gestalt«.

ZAUBERMOMENT Minerva McGonagall unterrichtet ihn im dritten Schuljahr.

> **ANMERKUNG** Dieser Zauber ist nur im Videospiel Harry Potter und der Gefangene von Askaban zu sehen.

Die erzeugten Gestalten sind wesentlich kleiner und schwächer als echte Drachen.

◦∽ ALLGEMEINE ZAUBER ∽◦

Episkey

ART Heilzauber

VERWENDUNG Heilt kleine Verletzungen.

WORTHERKUNFT Im Griechischen bedeutet *episkevi* »reparieren«.

ZAUBERMOMENT In *Der Halbblutprinz* heilt Nymphadora Tonks Harrys gebrochene Nase nach seinem Streit mit Draco im Hogwarts Express.

> **ANMERKUNG** In der Filmversion des *Halbblutprinzen* findet Luna Lovegood Harry im Zug und verarztet ihn mit diesem Zauberspruch.

Epoximise

ART Verwandlungszauber

VERWENDUNG Verbindet zwei Gegenstände miteinander.

WORTHERKUNFT Im Englischen ist *epoxy* eine Art Kleber.

ZAUBERMOMENT Im Film *Phantastische Tierwesen und wo sie zu finden sind* berichtet die Zeitschrift *Verwandlung Heute* über eine Debatte über das Für und Wider dieses Zauberspruchs.

> **ANMERKUNG** Dieser Zauber wird erstmals im Harry-Potter-Sammelkartenspiel erwähnt.

Evanesce

ART Verwandlungszauber

VERWENDUNG Lässt Gegenstände verschwinden.

WORTHERKUNFT Im Englischen bedeutet *evanesce* »aus der Sicht, dem Gedächtnis oder der Existenz schwinden«.

ZAUBERMOMENT Im Harry-Potter-Sammelkartenspiel zitiert die Karte dieses Zauberspruchs aus *Die Kammer des Schreckens:* »Der Unterricht von Professor McGonagall war immer harte Arbeit, doch heute war es besonders anstrengend.«

> **ANMERKUNG** Dieser Zauber ist dem bekannteren Evanesco sehr ähnlich.

Evanesco

ART Verwandlungszauber

VERWENDUNG Lässt Gegenstände verschwinden.

WORTHERKUNFT Im Lateinischen bedeutet *evanesco* »ich schwinde«.

ZAUBERMOMENT In *Der Orden des Phönix* lernen die Schüler diesen Spruch im fünften Schuljahr. Minerva McGonagall stellt ihn vor, indem sie die Schüler anfangs Schnecken und andere kleine Tiere verschwinden lässt, was aber nur Hermine gelingt.

> **ANMERKUNG** Wie Minerva McGonagall erklärt, verschwinden die Gegenstände »ins Nicht-Sein, das heißt in alles«.

ᛣ ALLGEMEINE ZAUBER ᛥ

Everte Statum

ART Zauberspruch

VERWENDUNG Lässt einen Gegner zurücktaumeln und erzeugt einen vorübergehenden scharfen Schmerz.

WORTHERKUNFT Im Lateinischen bedeutet *everte* »stürze um!« und *status* »Stand«.

ZAUBERMOMENT Im Film *Die Kammer des Schreckens* wendet Draco Malfoy diesen Zauber im Duell gegen Harry an.

> **ANMERKUNG** Die Stärke des Zaubers bestimmt, wie stark der Schmerz ist. Er hinterlässt aber keine bleibenden Schäden.

Explosionszauber

ART Zauberspruch

VERWENDUNG Erzeugt eine zerstörerische Explosion.

WORTHERKUNFT k. A.

ZAUBERMOMENT In der Verfilmung von *Der Halbblutprinz* feiert Bellatrix Lestrange Albus Dumbledores Tod, indem sie mit diesem Zauberspruch Fenster in der Großen Halle zerstört.

> **ANMERKUNG** Dieser Zauber könnte mit dem Reduktor-Fluch identisch sein.

Ferula

ART Heilzauber

VERWENDUNG Schient und bandagiert gebrochene Knochen.

WORTHERKUNFT Im Lateinischen bedeutet *ferula* »Rute«.

ZAUBERMOMENT In *Der Gefangene von Askaban* schient Remus Lupin so Rons gebrochenes Bein.

> **ANMERKUNG** Man könnten diesen Zauber auch als Beschwörungszauber einordnen.

Feuerring

ART Beschwörungszauber

VERWENDUNG Erzeugt einen großen Feuerring.

WORTHERKUNFT k. A.

ZAUBERMOMENT In *Der Halbblutprinz* schützt Albus Dumbledore Harry und sich mit diesem Zauber vor den Inferi, die einen von Voldemorts Horkruxen bewachen.

> **ANMERKUNG** Dieser Zauber kann ein ewig brennendes Gubraith-Feuer erzeugen, was sich daran zeigt, dass das Wasser in der Höhle die Flammen nicht löscht.

∽ ALLGEMEINE ZAUBER ∽

Finite

ART Gegenzauber

VERWENDUNG Beendet einen anderen Zauber.

WORTHERKUNFT Im Lateinischen bedeutet *finite* »beendet!«.

ZAUBERMOMENT In *Die Heiligtümer des Todes* ruft Harry »Finite!«, um einen Wall zu stabilisieren, den Vincent Crabbe mit Descendo zum Einstürzen bringen will.

> **ANMERKUNG** Es ist nicht bekannt, ob dieser Zauberspruch weniger stark ist oder sich anderweitig von Finite Incantatem unterscheidet.

Finite Incantatem

ART Gegenzauber

VERWENDUNG Beendet einen anderen Zauber.

WORTHERKUNFT Im Lateinischen bedeutet *finite* »beendet!« und *incantatio* »Zauber«.

ZAUBERMOMENT In *Die Heiligtümer des Todes* schlägt Hermine Ron vor, den Regen in Yaxleys Büro mit diesem Zauberspruch zu beenden.

> **ANMERKUNG** Dieser Gegenzauber wirkt möglicherweise nicht gegen schwarze Magie, für die es manchmal spezielle Gegenflüche gibt.

Flagrate

ART Beschwörungszauber

VERWENDUNG Erzeugt einen Feuerstrahl, mit dem man in der Luft zeichnen und schreiben kann.

WORTHERKUNFT Im Lateinischen bedeutet *flagrare* »flammen« oder »glühen«.

ZAUBERMOMENT In *Der Orden des Phönix* kennzeichnet Hermine mit diesem Zauber Türen im Zauberministerium mit einem Kreuz.

> **ANMERKUNG** Die glühenden Linien dieses Zaubers halten sich eine ganze Zeit lang.

Fumos

ART Beschwörungszauber

VERWENDUNG Erzeugt eine Rauchwolke als Sichtschutz.

WORTHERKUNFT Im Lateinischen bedeutet *fumus* »Rauch«.

EMPFOHLENE BEWEGUNG:

ZAUBERMOMENT Dieser Zauberspruch findet sich in Professor Quirin Sumos Buch *Dunkle Kräfte: Ein Kurs zur Selbstverteidigung.*

> **ANMERKUNG** Dieser Zauber kommt im Harry-Potter-Sammelkartenspiel und in den Videospielen *Die Kammer des Schreckens* und *Der Gefangene von Askaban* vor. In den Spielen ist »Fumos Duo« eine stärkere Version dieses Spruchs.

◦∾ ALLGEMEINE ZAUBER ∾◦

Heimlichkeitsaufspürzauber

ART Zauberspruch

VERWENDUNG Enthüllt die Gegenwart magisch verborgener Personen.

WORTHERKUNFT k. A.

ZAUBERMOMENT Dolores Umbridge schützt die Eingänge zu ihrem Büro mit diesem Zauber, nachdem Lee Jordan Niffler durch ihr Fenster levitiert hat.

> **ANMERKUNG** Dieser Zauberspruch wird nur in *Der Orden des Phönix* erwähnt.

Heiße-Luft-Zauber

ART Beschwörungszauber

VERWENDUNG Beschwört einen Stoß heißer Luft aus der Spitze des Zauberstabs.

WORTHERKUNFT k. A.

ZAUBERMOMENT In *Der Orden des Phönix* trocknet Hermine ihren schneebedeckten Umhang mit diesem Zauber.

> **ANMERKUNG** Hermine wirkt diesen Zauber mit einem »komplizierten kleinen Schlenker« ihres Zauberstabs.

Herbifors

ART Verwandlungszauber

VERWENDUNG Verwandelt die Haare des Ziels in Blumen.

WORTHERKUNFT Vom englischen Begriff *herb* (»Kraut«) und dem lateinischen Begriff *forma* (»Gestalt«).

ZAUBERMOMENT Diesen Zauber kann man bei Wiseacres Zauberausrüstung in der Winkelgasse kaufen.

> **ANMERKUNG** Der Zauberspruch kommt nur in den LEGO-Videospielen vor.

Homenum Revelio

ART Zauberspruch

VERWENDUNG Enthüllt die Anwesenheit anderer Menschen.

WORTHERKUNFT Im Lateinischen bedeutet *homo* »Mensch« und *revelo* »ich enthülle«.

ZAUBERMOMENT In *Die Heiligtümer des Todes* versichert sich Hermine mit diesem Zauber, dass sich keine Todesser im Grimmauldplatz Nr. 12 aufhalten.

> **ANMERKUNG** J. K. Rowling zufolge konnte Albus Dumbledore Harry mit einer ungesagten Version dieses Zauberspruchs unter seinem Tarnumhang entdecken.

∽ ALLGEMEINE ZAUBER ∽

Inanimatus Conjurus

ART Verwandlungszauber

VERWENDUNG Beschwört (angeblich) leblose Objekte.

WORTHERKUNFT Von den englischen Wörtern *inanimatus* (»leblos«) und *conjurare* (»beschwören«).

ZAUBERMOMENT In *Der Orden des Phönix* gibt Minerva McGonagall einen Aufsatz über diesen Zauberspruch als Hausaufgabe auf.

> **ANMERKUNG** Professor McGonagall will ihre Schüler mit diesem Aufsatz vermutlich auf Beschwörungszauber einstimmen.

Incarcerus

ART Beschwörungszauber

VERWENDUNG Beschwört Seile, um das Ziel zu fesseln.

WORTHERKUNFT Im Lateinischen bedeutet *incarcerere* »einsperren«.

ZAUBERMOMENT In *Der Halbblutprinz* versucht Harry diesen Zauberspruch gegen angreifende Inferi. Er funktioniert zwar, aber es sind zu viele Inferi, um sie alle zu fesseln.

> **ANMERKUNG** Mit den Seilen kann man ein Ziel auch würgen, wie man in der Verfilmung von *Der Orden des Phönix* sehen kann, als Dolores Umbridge diesen Zauberspruch gegen den Zentauren Magorian anwendet.

Incendio

ART Beschwörungszauber

VERWENDUNG Entfacht ein Feuer.

WORTHERKUNFT Im Lateinischen bedeutet *incendio* »ich entzünde«.

ZAUBERMOMENT In *Der Feuerkelch* entzündet Arthur Weasley mit diesem Zauberspruch den Kamin der Dursleys, sodass er mit seinen Söhnen und Harry mithilfe von Flohpulver reisen kann.

> **ANMERKUNG** In den Videospielen sind »Incendio Duo« und »Incendio Tria« stärkere Versionen dieses Zauberspruchs.

Immer prüfen, ob die Muggel womöglich ihren Kamin verschlossen haben!

Kessel zu Sieb

ART Verwandlungszauber

VERWENDUNG Verwandelt einen Kessel in ein Sieb.

WORTHERKUNFT k. A.

ZAUBERMOMENT k. A.

> **ANMERKUNG** Dieser Zauber findet sich nur im Harry-Potter-Sammelkartenspiel.

○◦ ALLGEMEINE ZAUBER ◦○

Lacarnum Inflamari

ART Beschwörungszauber

VERWENDUNG Steckt einen Umhang in Brand.

WORTHERKUNFT Im Lateinischen bedeutet *lacerna* »Umhang« und *inflammare* bedeutet »entzünden«.

ZAUBERMOMENT In der Verfilmung von *Der Stein der Weisen* setzt Hermine mit diesem Zauberspruch Severus Snapes Umhang in Brand, weil sie glaubt, er habe Harrys Rennbesen verflucht.

> **ANMERKUNG** Im Buch zündet Hermine Snapes Umhang mit hellblauen Flämmchen an.

Lapifors

ART Verwandlungszauber

VERWENDUNG Verwandelt das Ziel in ein Kaninchen.

WORTHERKUNFT Im Lateinischen bedeutet *lepus* »Hase« und *forma* bedeutet »Gestalt«.

ZAUBERMOMENT Minerva McGonagall unterrichtet diesen Zauberspruch im dritten Schuljahr.

> **ANMERKUNG** Bei Erfolg kann der Zauberer die Bewegungen des frisch verwandelten Kaninchens steuern. Dieser Zauberspruch kommt nur in den Videospielen und im Sammelkartenspiel vor.

Legilimens

ART Zauberspruch

VERWENDUNG Lässt den Anwender Gedanken lesen.

WORTHERKUNFT Im Lateinischen bedeutet *legere* »lesen« und *mens* bedeutet »Geist«.

ZAUBERMOMENT In *Der Halbblutprinz* wendet Severus Snape diesen Zauber im Okklumentikunterricht wiederholt gegen Harry an. Er verwendet den Zauber wohl auch ungesagt, da Harry das Gefühl hat, dass Snape Gedanken lesen kann.

> **ANMERKUNG** Geübte Legilimentoren können einem Menschen falsche Erinnerungen einpflanzen, wie in *Der Orden des Phönix*, wo Voldemort Harry glauben macht, dass sein Patenonkel Sirius Black in der Mysteriumsabteilung in Gefahr sei.

Liberacorpus

ART Gegenzauber

VERWENDUNG Hebt Levicorpus auf, sodass der Körper des Ziels nicht länger in der Luft schwebt.

WORTHERKUNFT Im Lateinischen bedeutet *liberare* »befreien« und *corpus* bedeutet »Körper«.

ZAUBERMOMENT In *Der Halbblutprinz* wendet Harry diesen Gegenzauber auf Ron an, nachdem er diesen mit Levicorpus am Bein in die Luft gehoben hat.

> **ANMERKUNG** Dieser Zauber wurde wie sein Gegenstück Levicorpus von Severus Snape erfunden.

∽ ALLGEMEINE ZAUBER ∽

Löschzauber

ART Zauberspruch

VERWENDUNG Löscht Feuer.

WORTHERKUNFT k.A.

ZAUBERMOMENT In *Der Feuerkelch* erwähnt Charlie Weasley, dass er und die anderen Drachenwärter Löschzauber anwenden werden, wenn irgendetwas während der ersten Aufgabe des Trimagischen Turniers schiefgeht.

> **ANMERKUNG** Dieser Zauber ist möglicherweise identisch mit Aqua Eructo.

Morsmordre

ART Beschwörungszauber

VERWENDUNG Beschwört das Dunkle Mal herauf.

WORTHERKUNFT Im Französischen bedeutet *mort* »Tod« und *mordre* bedeutet »beißen«.

ZAUBERMOMENT In *Der Feuerkelch* beschwört Bartemius Crouch jr. das Dunkle Mal nach dem Finalspiel der Quidditch-Weltmeisterschaft herauf, um frühere Todesser zu erschrecken, die randalieren und Muggel quälen.

> **ANMERKUNG** Während des Ersten Zaubererkriegs wendeten die Todesser diesen Zauber oft nach ihren Morden an.

Multicorfors

ART Verwandlungszauber

VERWENDUNG Verändert Farbe und Schnitt der Kleidung des Ziels.

WORTHERKUNFT Im Lateinischen bedeutet *multi* »viele« und *forma* bedeutet »Gestalt«.

ZAUBERMOMENT In den LEGO-Videospielen kann man diesen Zauberspruch im Tropfenden Kessel kaufen.

> **ANMERKUNG** Dieser Zauberspruch kommt nur in den LEGO-Videospielen vor.

Obscuro

ART Beschwörungszauber

VERWENDUNG Legt dem Ziel eine magische Augenbinde an und nimmt ihm so die Sicht.

WORTHERKUNFT Im Lateinischen bedeutet *obscuro* »ich verdunkle«.

ZAUBERMOMENT In *Die Heiligtümer des Todes* wendet Hermine diesen Zauberspruch auf Phineas Nigellus Black an, damit dieser nicht sieht, wo sie sich aufhalten.

> **ANMERKUNG** Dieser Zauberspruch wird ein weiteres Mal im Harry-Potter-Universum erwähnt, als Harry ihn in *Das verwunschene Kind* im Duell gegen Draco Malfoy anwendet.

∽ ALLGEMEINE ZAUBER ∽

Ohren zu Kumquats

ART Verwandlungszauber

VERWENDUNG Verwandelt die Ohren des Ziels in Kumquats.

WORTHERKUNFT k. A.

ZAUBERMOMENT Harry und Ron lernen diesen Spruch, als sie in *Der Orden des Phönix* Luna Lovegood kennenlernen.

> **ANMERKUNG** Glaubt man einem Artikel im Klitterer von 1995, zeigt sich der Spruch, wenn man die abgedruckten Runen auf dem Kopf stehend liest.

Orchideus

ART Beschwörungszauber

VERWENDUNG Lässt einen Blumenstrauß erscheinen.

WORTHERKUNFT Im Lateinischen bezeichnet *Orchideae* eine Familie von Orchideen.

ZAUBERMOMENT In *Der Feuerkelch* testet Garrick Ollivander während der Eichung der Zauberstäbe mit diesem Zauberspruch Fleur Delacours Zauberstab.

> **ANMERKUNG** Im *Feuerkelch*-Videospiel ist Orchideus ein Fluch, mit dem man das Ziel in einen blühenden Strauch verwandelt.

Periculum

ART Beschwörungszauber

VERWENDUNG Erzeugt rote Funken.

WORTHERKUNFT Im Lateinischen bedeutet *periculum* »Gefahr«.

ZAUBERMOMENT In der Verfilmung von *Der Feuerkelch* lässt Harry während der dritten Aufgabe des Trimagischen Turniers rote Funken aus seinem Zauberstab fliegen, als Fleur Delacour ins Labyrinth verschleppt wird.

> **ANMERKUNG** Dieser Zauberspruch könnte eine alternative Version von »Vermillious« sein.

Pfeilschusszauber

ART Beschwörungszauber

VERWENDUNG Schießt Pfeile aus der Zauberstabspitze.

WORTHERKUNFT k. A.

ZAUBERMOMENT Anhänger der Appleby Arrows unterstützten früher ihr Quidditch-Team mit diesem Zauber, der aber verboten wurde, nachdem sie versehentlich einen Schiedsrichter getroffen hatten.

> **ANMERKUNG** Dies ist das einzige Mal, dass dieser Zauberspruch je im gesamten Harry-Potter-Universum erwähnt wird.

∽ ALLGEMEINE ZAUBER ∾

Purpurrote Knallfrösche

ART Beschwörungszauber

VERWENDUNG Erzeugt purpurrote Feuerwerkskörper.

WORTHERKUNFT k. A.

ZAUBERMOMENT In *Der Stein der Weisen* beruhigt Albus Dumbledore mit diesem Zauber die Schüler in der Großen Halle, nachdem Quirinus Quirrell verkündet, dass ein Troll im Kerker sein Unwesen treibt.

> **ANMERKUNG** Dieser Zauberspruch kommt auch im Sammelkartenspiel vor.

Reparifarge

ART Rückverwandlungszauber

VERWENDUNG Kehrt einen Verwandlungszauber um.

WORTHERKUNFT Im Lateinischen bedeutet *reparare* »reparieren« und *forma* bedeutet »Gestalt«.

ZAUBERMOMENT Minerva McGonagall unterrichtet diesen Zauberspruch im zweiten Schuljahr im Verwandlungsunterricht.

> **ANMERKUNG** Dieser Zauber wird nur im Videospiel *Harry Potter: Hogwarts Mystery* erwähnt..

Reparifors

ART Heilzauber

VERWENDUNG Heilt unter anderem Vergiftungen und Lähmungen.

WORTHERKUNFT Vermutlich vom englischen Begriff *repair* (»reparieren«) und dem lateinischen Begriff *forma* (»Gestalt«).

ZAUBERMOMENT Im Videospiel zu *Der Gefangene von Askaban* wird dieser Zauberspruch mithilfe von Schokofrosch-Karten angewendet.

> **ANMERKUNG** Dieser Zauberspruch kommt nur im Videospiel vor.

Revelio

ART Rückverwandlungszauber

VERWENDUNG Enthüllt das wahre Aussehen einer Person oder eines Gegenstands und macht das Unsichtbare wieder sichtbar.

WORTHERKUNFT Im Lateinischen bedeutet *revelare* »enthüllen«.

ZAUBERMOMENT Im Film *Phantastische Tierwesen und wo sie zu finden sind* enthüllt Newt Scamander mit diesem Zauber Percival Graves als Gellert Grindelwald.

> **ANMERKUNG** Dieser Zauber dient auch zum Sichtbarmachen von Nachrichten und Geheimgängen.

⁓ ALLGEMEINE ZAUBER ⁓

Rosenwuchs

ART Verwandlung

VERWENDUNG Beschleunigt das Wachstum eines Rosenstrauchs.

WORTHERKUNFT k. A.

ZAUBERMOMENT Dieser Zauberspruch wird im Sammelkartenspiel verwendet.

> **ANMERKUNG** Der Zauberspruch könnte mit »Herbivicus« verwandt sein.

Schießzauber

ART Zauberspruch

VERWENDUNG Schießt wie eine Pistole.

WORTHERKUNFT k. A.

ZAUBERMOMENT In einer nicht verwendeten Szene im Film *Die Heiligtümer des Todes – Teil 1* versuchen Ron und Harry, mit diesem Zauber ein Kaninchen zu erlegen, während sie im Wald campieren.

> **ANMERKUNG** Dieser Zauber erzeugt einen pistolenartigen Knall..

Schildbrecher-Zauber

ART Beschwörung

VERWENDUNG Bricht magische Schilde.

WORTHERKUNFT k. A.

ZAUBERMOMENT In dem Film *Die Heiligtümer des Todes – Teil 2* überwindet Voldemort mit diesem Zauberspruch die Schutzzauber um Hogwarts.

> **ANMERKUNG** Der Elderstab reißt, als Voldemort diesen Zauber wirkt – ein Zeichen der unglaublichen Energie, die die Überwindung der Schutzzauber erfordert.

könnte schwerer gewesen sein, weil er nicht der Meister des Zauberstabs war.

Schummelzauber

ART Zauberspruch

VERWENDUNG Hilft bei Prüfungen beim Abschreiben.

WORTHERKUNFT k. A.

ZAUBERMOMENT Im Videospiel *Der Stein der Weisen* fragt ein Slytherin-Schüler: »Kennst du einen guten Schummelzauber?«

> **ANMERKUNG** Dieser Zauber wird nur im Videospiel erwähnt.

ALLGEMEINE ZAUBER

Serpensortia

ART Beschwörungszauber

VERWENDUNG Beschwört eine Schlange herbei.

WORTHERKUNFT Im Lateinischen bedeutet *serpens* »Schlange« und *ortus* bedeutet »Entstehung«.

ZAUBERMOMENT In *Die Kammer des Schreckens* wendet Draco Malfoy diesen Zauber bei seinem ersten Kampf im Duellierclub gegen Harry an.

> **ANMERKUNG** Der offiziellen *Harry Potter-Website* von Warner Bros. zufolge wurde dieser Beschwörungszauber in Indien entwickelt und wird illegal von Leuten angewendet, die die Muggel »Schlangenbeschwörer« nennen.

Teleportationszauber

ART Zauberspruch

VERWENDUNG Transportiert Gegenstände augenblicklich von einem Ort zum anderen.

WORTHERKUNFT k. A.

ZAUBERMOMENT In *Der Halbblutprinz* schickt Albus Dumbledore Harrys Gepäck mit diesem Zauber zum Fuchsbau voraus, bevor sie Horace Slughorn besuchen.

> **ANMERKUNG** Möglicherweise sind Verschwindekabinette mit diesem Zauber belegt.

Unbrechbarer Schwur

ART Zauberspruch

VERWENDUNG Besiegelt einen magisch bindenden Schwur.

WORTHERKUNFT k. A.

ZAUBERMOMENT Als Kinder versuchten Fred und George Weasley einmal, einen Unbrechbaren Schwur mit Ron zu schließen. Diese Aktion versetzte ihren sonst so ausgeglichenen Vater Arthur in Rage, weil ein Bruch dieses Schwurs tödlich ist. Der Legende zufolge hat sich Freds linke Pobacke nie wieder ganz davon erholt.

> **ANMERKUNG** Für einen Unbrechbaren Schwur müssen zwei Zauberer voreinander knien und sich an der rechten Hand halten, während ein dritter Zauberer den Schwur besiegelt.

Veraverto

ART Verwandlungszauber

VERWENDUNG Verwandelt wilde Tiere in Trinkkelche.

WORTHERKUNFT Im Lateinischen bedeutet *vera* »wahr« und *verto* bedeutet »ich kehre um«.

ZAUBERMOMENT In der Verfilmung von *Die Kammer des Schreckens* bringt Minerva McGonagall ihren Schülern diesen Zauber im zweiten Jahr bei. Als Ron es versucht, behält sein Kelch einen Rattenschwanz über.

> **ANMERKUNG** Für diesen Zauber tippt man dreimal mit seinem Zauberstab auf das Tier, zeigt dann darauf und spricht die Zauberformel.

∽ ALLGEMEINE ZAUBER ∽

Verdillious

ART Beschwörungszauber

VERWENDUNG Erzeugt grüne Funken.

WORTHERKUNFT Im Italienischen bedeutet *verde* »grün«.

EMPFOHLENE BEWEGUNG

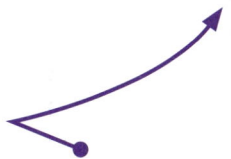

ZAUBERMOMENT In *Der Stein der Weisen* sagt Hagrid zu Harry, Hermine, Neville Longbottom und Draco Malfoy, sie sollen grüne Funken aufsteigen lassen, sobald sie das Einhorn im Verbotenen Wald gefunden haben.

ANMERKUNG
Könnte derselbe Zauber sein wie »Verdimillious«.

Vermillious

ART Beschwörungszauber

VERWENDUNG Erzeugt rote Funken.

WORTHERKUNFT Im Englischen bedeutet *vermilion* »zinnoberrot«.

EMPFOHLENE BEWEGUNG

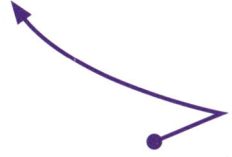

ZAUBERMOMENT In der dritten Aufgabe des Trimagischen Turniers sollen die Trimagischen Champions rote Funken aufsteigen lassen, wenn sie sich im Labyrinth verlaufen haben oder anderweitig in Not geraten.

ANMERKUNG In den Videospielen sind »Vermillious Duo« und »Vermillious Tria« stärkere Versionen dieses Zauberspruchs.

Vier-Punkte-Zauber

ART Zauberspruch

VERWENDUNG Macht den Zauberstab zum Kompass.

WORTHERKUNFT k. A.

ZAUBERMOMENT In *Der Feuerkelch* bringt Hermine Harry diesen Zauberspruch bei, damit er sich bei der dritten Aufgabe des Trimagischen Turniers in dem riesigen Labyrinth zurechtfindet.

> **ANMERKUNG** Dieser Zauberspruch ist insofern außergewöhnlich, als dass er keinen lateinischen Namen hat.

Vipera Evanesca

ART Verschwindezauber

VERWENDUNG Lässt eine Schlange verschwinden.

WORTHERKUNFT Im Lateinischen bedeutet *vipera* »Schlange« und *evanescere* bedeutet »verschwinden«.

ZAUBERMOMENT In *Die Kammer der Schrecken* lässt Severus Snape mit diesem Zauberspruch eine Schlange verschwinden, die Draco Malfoy während eines Duells heraufbeschworen hat.

> **ANMERKUNG** Im Videospiel *Die Heiligtümer des Todes – Teil 1* lässt Harry mit diesem Zauber eine Schlange verschwinden, die seinen Weg kreuzt.

ALLGEMEINE ZAUBER

Vulnera Sanentur

ART Heilzauber

VERWENDUNG Heilt durch Sectumsempra verursachte Wunden.

WORTHERKUNFT Im Lateinischen bedeutet *vulnus* »Wunde« und *sanare* bedeutet »heilen«.

ZAUBERMOMENT In *Der Halbblutprinz* heilt Severus Snape Draco Malfoy mit diesem Zauberspruch, nachdem Harry ihn mit Sectumsempra verletzt hat.

> **ANMERKUNG** Dieser Zauber wurde von Severus Snape erfunden. Er heilt Wunden vollständig, aber man muss Diptam auflegen, um Narben zu verhindern.

Zaubermolch und Kolibrigesumm, dieses Wasser sei fortan Rum

ART Verwandlungszauber

VERWENDUNG Verwandelt Wasser in Rum.

WORTHERKUNFT k. A.

ZAUBERMOMENT Im Film *Der Stein der Weisen* versucht Seamus Finnigan diesen Zauber. Es entsteht aber nur ein schwacher Tee und dann gibt es eine Explosion.

> **ANMERKUNG** Wie »Eidotter, Gänsekraut und Sonnenschein, gelb soll diese fette Ratte sein!« folgt dieser Zauberspruch nicht den Konventionen für Benennungen und ist möglicherweise kein richtiger Zauber.

KAPITEL 2

ÄNDERUNGS-ZAUBER

Alle bekannten Änderungszauber in der Welt Harry Potters. Sie alle erfordern exakte Bewegungen mit dem Zauberstab, korrekte Aussprache und absolute Konzentration.

Änderungszauber verändern das Verhalten eines Gegenstands.

Aberto

VERWENDUNG Öffnet verschlossene Türen.

WORTHERKUNFT Im Portugiesischen bedeutet *aberto* »offen«.

ZAUBERMOMENT Im Film *Phantastische Tierwesen und wo sie zu finden sind* versucht Queenie Goldstein, mit diesem Zauber in Percival Graves Büro zu gelangen. Dummerweise ist die Tür mit einem stärkeren Zauber geschützt.

ANMERKUNG Miranda Habichts Lehrbuch der Zaubersprüche zufolge ist der Spruch eine verkürzte Version von »Portaberto«, einem aggressiveren Türöffnerzauber aus der Zeit vor der Erfindung von »Alohomora«.

Abwaschzauber

VERWENDUNG Lässt das Geschirr sich selbst abwaschen.

WORTHERKUNFT k. A.

ZAUBERMOMENT In *Die Kammer des Schreckens* wendet Molly Weasley diesen Zauberspruch ungesagt an, nachdem sie Harry Frühstück gemacht hat.

ANMERKUNG Dieser Zauber zählt zu den Haushaltszaubern.

∽ ÄNDERUNGSZAUBER ∽

Accio

VERWENDUNG Ruft entfernte Dinge herbei.

WORTHERKUNFT Im Lateinischen bedeutet *accio* »ich rufe herbei«.

EMPFOHLENE BEWEGUNG

ZAUBERMOMENT In *Der Feuerkelch* verwendet Harry diesen Zauberspruch während der ersten Aufgabe des Trimagischen Turniers, um seinen Besen herbeizurufen.

> **ANMERKUNG** Dieser Zauber wirkt nur auf Gegenstände und kleine Tiere. In Hogwarts wird er im vierten Schuljahr gelehrt. Der Anwender muss sich auf den herbeizurufenden Gegenstand konzentrieren. Anti-Diebstahlzauber können verhindern, dass Gegenstände herbeigerufen werden. Habichts *Lehrbuch der Zaubersprüche* sagt, dass die meisten magischen Gegenstände mit einem solchen Schutz verkauft werden.

Aguamenti

VERWENDUNG Erzeugt sauberes Trinkwasser.

WORTHERKUNFT Im Spanischen und Portugiesischen bedeutet *agua* »Wasser« und *mens* bedeutet »Geist«.

EMPFOHLENE BEWEGUNG

ZAUBERMOMENT In *Der Halbblutprinz* füllt Harry mit diesem Zauberspruch den Kelch in der Höhle wieder auf, aus dem Albus Dumbledore zuvor einen Zaubertrank getrunken hat.

> **ANMERKUNG** Mit »Aguamenti« kann man kein Dämonenfeuer löschen.

Alohomora

VERWENDUNG Öffnet verriegelte Fenster und Türen.

WORTHERKUNFT J. K. Rowling zufolge stammt der Name des Zauberspruchs von einem westafrikanischen Wort ab, das »gut für Diebe« bedeutet.

EMPFOHLENE BEWEGUNG

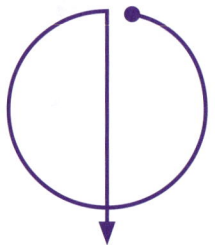

ZAUBERMOMENT In *Das verwunschene Kind* bricht Scorpius Malfoy mit diesem Zauber ins Büro des Zaubereiministers ein und ist überrascht, dass es funktioniert.

> **ANMERKUNG** Der auch als Diebesfreund bekannte Zauber ist eine wesentlich feinere Methode, Türen zu öffnen, als Aberto oder Sesam öffne dich.

Alterslinie

VERWENDUNG Hindert Menschen unter einem bestimmten Alter daran, eine Linie zu überschreiten.

WORTHERKUNFT k. A.

ZAUBERMOMENT In *Der Feuerkelch* zieht Albus Dumbledore eine Alterslinie, damit minderjährige Schüler ihren Namen nicht für die Teilnahme am Trimagischen Turnier in den Feuerkelch werfen können.

> **ANMERKUNG** Alterslinien lassen sich nicht mit Alterungstränken überlisten.

Siehe die Weasley-Zwillinge

ÄNDERUNGSZAUBER

Anti-Schummel-Zauber

VERWENDUNG Verhindert Schummelei in Prüfungen.

WORTHERKUNFT k. A.

ZAUBERMOMENT In *Der Stein der Weisen* sagt Hermine Ron, dass er in der Abschlussprüfung nicht bei ihr abschreiben kann, weil ihre Schreibfedern mit einem Zauber gegen Schummeln belegt sind.

ANMERKUNG Ein Anti-Schummel-Zauber kann durch einen Schummelzauber überwunden werden.

Aparecium

VERWENDUNG Macht unsichtbare Tinte und andere verborgene Botschaften sichtbar.

WORTHERKUNFT Im Lateinischen bedeutet *aparere* »zum Vorschein kommen«.

EMPFOHLENE BEWEGUNG

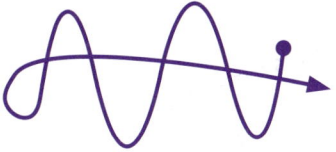

ZAUBERMOMENT In *Die Kammer des Schreckens* versucht Hermine diesen Zauberspruch an Tom Riddles Tagebuch.

ANMERKUNG Könnte mit »Revelio« verwandt sein.

Aqua Eructo

VERWENDUNG Beschwört Wasser herbei.

WORTHERKUNFT Im Lateinischen bedeutet *aqua* »Wasser« und *eructare* bedeutet »ausspeien«.

ZAUBERMOMENT Im Videospiel *Der Feuerkelch* lehrt der als Alastor Moody getarnte Barty Crouch jr. die Viertklässler diesen Zauber.

> **ANMERKUNG** Könnte mit dem Feuerlöschzauber verwandt sein, da er meist zum Löschen genutzt wird.

Arresto Momentum

VERWENDUNG Bremst oder stoppt einen sich bewegenden Gegenstand.

WORTHERKUNFT Im Französischen bedeutet *arrêter* »aufhören« und im Lateinischen bedeutet *momentum* »Bewegung«.

ZAUBERMOMENT Pottermore zufolge wurde dieser Zauber während der Quidditch-Weltmeisterschaft 2014 angewendet, um einen abstürzenden jamaikanischen Spieler aufzufangen.

> **ANMERKUNG** Albus Dumbledore rettet im Film *Der Gefangene von Askaban* Harry mit diesem Zauber vor Verletzungen.

◦ ÄNDERUNGSZAUBER ◦

Ascendio

VERWENDUNG Hebt den Anwender hoch in die Luft.

WORTHERKUNFT Im Lateinischen bedeutet *ascendere* »aufsteigen«.

ZAUBERMOMENT In der Verfilmung zu *Der Feuerkelch* steigt Harry während der zweiten Aufgabe des Trimagischen Turniers mithilfe dieses Zauberspruchs zur Oberfläche des Sees auf.

> **ANMERKUNG** In *Phantastische Tierwesen: Grindelwalds Verbrechen* nutzt Newt Scamander diesen Zauber, um einem Rudel Matagots zu entkommen.

Aufmunterungszauber

VERWENDUNG Macht das Ziel fröhlich.

WORTHERKUNFT k. A.

ZAUBERMOMENT In *Der Gefangene von Askaban* müssen die Drittklässler diesen Zauber in ihrer Abschlussprüfung beherrschen. Harrys Aufmunterungszauber fällt etwas zu kräftig aus, woraufhin man seinen Partner Ron in einen ruhigen Raum führen muss, bis seine hysterischen Lachanfälle nachlassen.

> **ANMERKUNG** In der Rubrik »Zauberer des Monats« auf J. K. Rowlings offizieller Website heißt es, Felix Summerbee habe den Zauberspruch im 13. Jahrhundert erfunden.

Ausdehnungszauber

VERWENDUNG Vergrößert den Innenraum eines Gegenstands, ohne ihn äußerlich zu verändern.

WORTHERKUNFT k. A.

ZAUBERMOMENT In *Die Kammer des Schreckens* vergrößert Arthur Weasley den Innenraum seines Ford Anglia illegal so, dass er, Molly, Percy, Fred, George, Ron und Ginny sowie Harry mit all ihrem Gepäck darin Platz finden.

> **ANMERKUNG** J. K. Rowling zufolge werden Schulkoffer mit diesem Zauber ausgestattet. Seine Beschwörung wird in den Büchern und Filmen nicht erwähnt, wohl aber später auf Pottermore.

Baubillious

VERWENDUNG Verschießt Blitze.

WORTHERKUNFT Vermutlich vom englischen Begriff *bauble* (»Christbaumkugel«).

ZAUBERMOMENT Im Sammelkartenspiel wendet Filius Flitwick diesen Zauberspruch an.

> **ANMERKUNG** Der Name dieses Zaubers scheint sich zwar auf den Weihnachtsschmuck in der Großen Halle von Hogwarts zu beziehen, aber die Karte besagt auch, dass man »einem Gegner oder Wesen seiner Wahl Schaden zufügen« kann, was auf eine Verwendung in Duellen hindeutet.

ÄNDERUNGSZAUBER

Bombarda

VERWENDUNG Erzeugt eine Explosion.

WORTHERKUNFT Im Englischen bedeutet *bombard* »bombardieren«.

ZAUBERMOMENT In *Das verwunschene Kind* überlegt Albus Potter, diesen Zauber gegen den Zeitumkehrer anzuwenden.

> **ANMERKUNG** In der Verfilmung von *Der Orden des Phönix* nutzt Dolores Umbridge die stärkere Version dieses Zaubers, »Bombarda Maxima«, um in den Raum der Wünsche einzudringen.

Carpe Retractum

VERWENDUNG Zieht ein Ziel zum Anwender oder den Anwender zum Ziel hin.

WORTHERKUNFT Im Lateinischen bedeutet *carpe* »ergreife!« und *retractum* bedeutet »entfernt«.

ZAUBERMOMENT Im Videospiel *Der Gefangene von Askaban* lehrt Filius Flitwick diesen Zauber im dritten Schuljahr.

> **ANMERKUNG** Dieser Zauber wird nur in den Videospielen *Der Gefangene von Askaban* und *Der Feuerkelch* erwähnt.

Cave Inimicum

VERWENDUNG Hält Feinde fern.

WORTHERKUNFT Im Lateinischen bedeutet *cave inimicum* »Vorsicht vor dem Feind!«.

ZAUBERMOMENT In *Die Heiligtümer des Todes* wendet Hermine diesen Zauber auf der Jagd nach Horkruxen häufig an, um sich, Ron und Harry zu schützen.

> **ANMERKUNG** Wer unter dem Zauber steht, kann weder gesehen noch gehört oder gerochen werden. Es ist nicht bekannt, ob der Zauber in den Filmen schlecht gewirkt hat oder einfach schwächer ist, weil dort ein Todesser Hermines Parfüm trotz ihrer Schutzzauber riecht.

Colloportus

VERWENDUNG Verriegelt Türen so, dass sie nicht mehr von Hand zu öffnen sind.

WORTHERKUNFT Im Lateinischen bedeutet *colligere* »zusammenbinden« und *porta* bedeutet »Tür«.

EMPFOHLENE BEWEGUNG

ZAUBERMOMENT Luna, Neville, Hermine und Harry wenden diesen Zauber alle im Kampf in der Mysteriumsabteilung an.

> **ANMERKUNG** Dieser Zauber lässt sich leicht mit »Alohomora« aufheben.

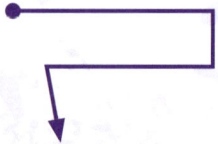

ᛝ ÄNDERUNGSZAUBER ᛝ

Confundo

VERWENDUNG Verwirrt das Ziel.

WORTHERKUNFT Im Lateinischen bedeutet *confundere* »verwirren«.

EMPFOHLENE BEWEGUNG

ZAUBERMOMENT In *Das verwunschene Kind* gesteht Ron Harry, dass er seine Muggelfahrprüfung bestanden hat, weil er den Prüfer verwirrt hat.

> **ANMERKUNG** Auch unbelebte Dinge mit eigenem »Geist« können verwirrt werden, zum Beispiel als Barty Crouch jr. den Feuerkelch verzaubert.

Dauerklebefluch

VERWENDUNG Befestigt einen Gegenstand dauerhaft an einem anderen.

WORTHERKUNFT k. A.

ZAUBERMOMENT Sirius Black glaubt, dass seine Mutter ein Bild ihrer selbst mit diesem Zauber an die Wand im Grimmauldplatz Nr. 12 gehängt hat.

> **ANMERKUNG** Im Gegensatz zu anderen Zaubern scheint sich dieser auch nach dem Tod des Anwenders zu halten.

Defodio

VERWENDUNG Gräbt sich durch Erde und Felsen.

WORTHERKUNFT Im Lateinischen bedeutet *defodio* »ich grabe ein«.

EMPFOHLENE BEWEGUNG

ZAUBERMOMENT In *Die Heiligtümer des Todes* entkommen Harry, Ron und Hermine mit diesem Zauber auf dem Rücken eines blinden Drachen aus Gringotts.

ANMERKUNG Miranda Habichts *Lehrbuch der Zaubersprüche* zufolge »verwendet wirklich jeder von jungen Kräuterkundlern auf der Suche nach Snargaluffsetzlingen bis hin zu Fluchbrechern auf der Jagd nach Schätzen diesen Grabzauber, der schwere Arbeit im Zauberstabumdrehen erledigt«.

Deletrius

VERWENDUNG Löst das Ziel auf.

WORTHERKUNFT Im Lateinischen bedeutet *delere* »auslöschen«.

ZAUBERMOMENT In *Der Feuerkelch* löscht Amos Diggory mit diesem Zauberspruch das Bild des Dunklen Mals aus, das er mit einem Umkehrzauber aus Harrys Zauberstab geholt hat.

ANMERKUNG Dieser Zauber ist auch als Auslöschungszauber bekannt.

ᛣ ÄNDERUNGSZAUBER ᛣ

Deprimo

VERWENDUNG Sprengt ein Loch in den Boden.

WORTHERKUNFT Im Lateinischen bedeutet *deprimo* »ich versenke«.

ZAUBERMOMENT In *Die Heiligtümer des Todes* sprengt Hermine mit diesem Zauberspruch ein Loch in den Boden von Xenophilius Lovegoods Haus, durch das sie, Ron und Harry fliehen, weil Lovegood sie den Todessern ausliefern will.

> **ANMERKUNG** Dieser Zauberspruch kommt auch im Videospiel *Der Stein der Weisen* vor.

Depulso

VERWENDUNG Schiebt das Ziel beiseite.

WORTHERKUNFT Im Lateinischen bedeutet *depulso* »ich stoße fort«.

ZAUBERMOMENT In *Der Feuerkelch* lernen Harry, Ron und Hermine zusammen mit ihren Klassenkameraden diesen Zauberspruch im vierten Schuljahr.

> **ANMERKUNG** Auch als Verbannungszauber bekannt. Er wirkt auf jeden Gegenstand, auf den er gerichtet wird, selbst wenn der Anwender ein ganz anderes Ziel im Sinn hat.

Neville verschob einst Professor Flitwick quer durch den Klassenraum

Descendo

VERWENDUNG Lässt das Ziel herabsinken.

WORTHERKUNFT Im Lateinischen bedeutet *descendo* »ich steige herab«.

ZAUBERMOMENT In *Die Heiligtümer des Todes* senkt Ron die Luke zum Dachstuhl des Fuchsbaus herab. Dort oben lebt der Familien-Ghul, den die Weasley-Söhne durch Zauberei wie Ron mit Griselkrätze aussehen lassen.

> **ANMERKUNG** Descendo kann mit dem allgemeinen Beendigungszauber »Finite« beendet werden.

Fühlt sich an, als hätte jemand ein Ei auf deinem Kopf zerbrochen.

Desillusionierungszauber

VERWENDUNG Passt das Ziel perfekt seiner Umgebung an, um es zu tarnen.

WORTHERKUNFT k. A.

ZAUBERMOMENT In *Der Orden des Phönix* tarnt Alastor Moody Harry mit diesem Zauber, während sie vom Haus der Dursleys zum Grimmauldplatz Nr. 12 fliegen.

> **ANMERKUNG** Dem Buch *Phantastische Tierwesen und wo sie zu finden sind* zufolge können Zauberer Hippogreife und geflügelte Pferde halten, solange sie sie täglich mit einem Desillusionierungszauber belegen.

∽ ÄNDERUNGSZAUBER ∽

Diffindo

VERWENDUNG Zertrennt das Ziel in zwei Teile.

WORTHERKUNFT Im Lateinischen bedeutet *diffindo* »ich zerteile« oder »spalte«.

EMPFOHLENE BEWEGUNG

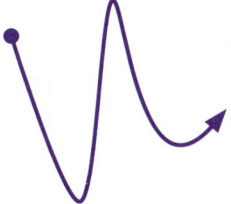

ZAUBERMOMENT In *Der Feuerkelch* entfernt Ron vor dem Weihnachtsball mit diesem Zauberspruch die Spitzenbesätze seiner Robe..

> **ANMERKUNG**
> Miranda Habichts *Lehrbuch der Zaubersprüche* zufolge wurde Diffindo im 15. Jahrhundert von der Näherin Delfina Crimp erfunden.

Diminuendo

VERWENDUNG Lässt Gegenstände schrumpfen.

WORTHERKUNFT Im Lateinischen bedeutet *deminuere* »verringern«.

ZAUBERMOMENT In der Verfilmung von *Der Orden des Phönix* wendet Nigel Wolpert diesen Zauberspruch während eines Treffens von Dumbledores Armee im Raum der Wünsche an.

> **ANMERKUNG** Dieser Zauber könnte mit dem Schrumpfzauber »Reducio« verwandt sein.

Dissendium

VERWENDUNG Enthüllt Geheimgänge.

WORTHERKUNFT Vermutlich vom lateinischen Begriff *dissociare* (»trennen« oder »entzweien«).

ZAUBERMOMENT In *Der Gefangene von Askaban* enthüllt Harry mit diesem Zauberspruch hinter der Statue einer buckeligen, einäugigen Hexe einen Geheimgang, der aus Hogwarts herausführt.

ANMERKUNG Diesen Zauberspruch hat Harry auf der Karte des Rumtreibers gefunden.

Duro

VERWENDUNG Verwandelt das Ziel in Stein.

WORTHERKUNFT Im Lateinischen bedeutet *durare* »härten«.

EMPFOHLENE BEWEGUNG

ZAUBERMOMENT In *Die Heiligtümer des Todes* versteinert Hermine in der Schlacht von Hogwarts mit diesem Zauberspruch einen Wandteppich, kurz bevor zwei Todesser hineinrutschen.

ANMERKUNG Im Videospiel *Wonderbook – Das Buch der Zaubersprüche* ist die Rede von einem Härtungszauber.

ÄNDERUNGSZAUBER

Dürrezauber

VERWENDUNG Trocknet Pfützen und Tümpel aus.

WORTHERKUNFT k. A.

ZAUBERMOMENT In *Der Feuerkelch* entdeckt Ron diesen Zauberspruch, während er recherchiert, wie Harry die zweite Aufgabe des Trimagischen Turniers überleben kann.

ANMERKUNG Ron findet heraus, dass dieser Zauberspruch nicht annähernd stark genug wäre, um den Großen Teich komplett trockenzulegen.

Elasto

VERWENDUNG Macht das Ziel weich.

WORTHERKUNFT k. A.

EMPFOHLENE BEWEGUNG

ZAUBERMOMENT Im Videospiel *Der Stein der Weisen* bringt Filius Flitwick diesen Zauber den Erstklässlern bei.

ANMERKUNG Dieser Zauber kommt hauptsächlich in den Videospielen und dem Sammelkartenspiel vor.

Emancipare

VERWENDUNG Löst Fesseln.

WORTHERKUNFT Im Lateinischen bedeutet *emancipare* »aus der Gewalt entlassen«.

ZAUBERMOMENT In *Das verwunschene Kind* befreit sich Draco Malfoy mit diesem Gegenzauber aus den Fesseln, die Harry ihm im Duell mit dem Zauberspruch Brachiabindo angelegt hat.

> **ANMERKUNG** Dieser Zauber dient auch als Gegenzauber gegen Fulgari.

Engorgio

VERWENDUNG Lässt das Ziel anschwellen.

WORTHERKUNFT Im Englischen bedeutet *engorge* »anschwellen« oder »sich überessen«.

EMPFOHLENE BEWEGUNG

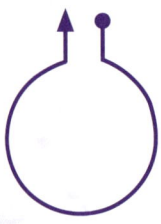

ZAUBERMOMENT In *Die Kammer des Schreckens* argwöhnt Hermine, dass Hagrid seine Kürbisse unerlaubt mit Engorgio vergrößert hat.

> **ANMERKUNG** Man nennt diesen Zauber auch Schwellzauber oder Wachstumszauber.

Dieser Zauber wird für Schnecken nicht empfohlen.

ᚖ ÄNDERUNGSZAUBER ᚖ

Erecto

VERWENDUNG Richtet Gegenstände auf.

WORTHERKUNFT Im Lateinischen bedeutet erectus »aufgerichtet«.

ZAUBERMOMENT In *Die Heiligtümer des Todes* bauen Harry, Ron und Hermine ihr Campingzelt mit diesem Zauberspruch auf.

> **ANMERKUNG** Wir sehen nur, dass mit diesem Zauber Zelte aufgebaut werden, aber man kann mit ihm jedes beliebige Bauwerk errichten.

Expecto Patronum

VERWENDUNG Beschwört einen Patronus herbei.

WORTHERKUNFT Im Lateinischen bedeutet *expecto* »ich erwarte« und *patronus* bedeutet »Beschützer« oder »Hüter«.

ZAUBERMOMENT In *Der Gefangene von Askaban* lernt Harry diesen extrem schwierigen Zauberspruch von Remus Lupin, um sich gegen Dementoren zu verteidigen.

> **ANMERKUNG** Patroni sollen gegen Kreaturen wie Dementoren oder Lethifolds schützen, können aber auch Botschaften überbringen, wie die Mitglieder des Ordens des Phönix Arthur Weasley und Kingsley Shacklebolt zeigen. Ein Patronus kann sehr persönlich sein, so hat Harrys Patronus die Gestalt eines Hirschs, des Animagus seines Vaters.

Expelliarmus

VERWENDUNG Entwaffnet das Ziel.

WORTHERKUNFT Im Lateinischen bedeutet *expellere* »vertreiben« und *arma* bedeutet »Waffe«.

EMPFOHLENE BEWEGUNG

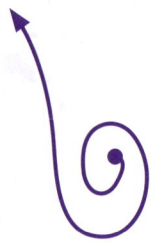

ZAUBERMOMENT In *Die Heiligtümer des Todes* entwaffnet Harry während der Schlacht der Sieben Potters mit diesem Zauberspruch Stan Shunpike, der, unter dem Imperius-Fluch stehend, für Voldemort arbeitet. Die Todesser erkennen den »echten« Potter an seinem Lieblingszauber.

> **ANMERKUNG** Dieser Zauber wird meist verwendet, um dem Gegner den Zauberstab zu nehmen, lässt ihm aber auch alles andere aus der Hand fliegen.

Farbwechselzauber

VERWENDUNG Ändert die Farbe des Ziels.

WORTHERKUNFT k. A.

ZAUBERMOMENT In *Der Orden des Phönix* verwechselt Harry diesen Zauber in der Prüfung mit dem Wachstumszauber, und seine Ratte, die sich orange färben sollte, wächst stattdessen bis auf Dachsgröße, bevor er seinen Fehler korrigieren kann.

> **ANMERKUNG** Dieser Zauber könnte eine Variante von »Colovaria« sein, einem Farbwechselzauber, der in den LEGO-Videospielen erwähnt wird.

ÄNDERUNGSZAUBER

Federleicht-Zauber

VERWENDUNG Macht schwere Dinge federleicht.

WORTHERKUNFT k. A.

ZAUBERMOMENT In *Der Gefangene von Askaban* glaubt Harry, er sei auf der Flucht, nachdem er seine Tante Magda aufgeblasen hat, und will seine Truhe verzaubern, um sie an seinen Besen zu binden und zu Gringotts zu fliegen.

> **ANMERKUNG** Es ist nicht klar, warum die Hogwarts-Schüler nicht immer ihr Gepäck mit diesem Zauber verzaubern. Vermutlich ist er unter dem Erlass zur vernunftgemäßen Beschränkung der Zauberei Minderjähriger verboten.

Fianto Duri

VERWENDUNG Erlaubt dem Anwender, einen Zauber aktiviert zu lassen, während er andere Zauber wirkt.

WORTHERKUNFT Im Lateinischen bedeutet *fieri* »geschehen« und *durare* bedeutet »härten«.

ZAUBERMOMENT In *Die Heiligtümer des Todes* verstärkt Filius Flitwick mit diesem Zauber »Protego Maxima« (einen Schildzauber, auf den sich der Anwender normalerweise voll konzentrieren muss), mit dem er Hogwarts beschützt.

> **ANMERKUNG** In der Verfilmung helfen Molly Weasley und Horace Slughorn Flitwick bei diesen Schutzzaubern.

Fidelius-Zauber

VERWENDUNG Versteckt Informationen in der Seele einer einzigen lebenden Person, die damit zum Geheimniswahrer wird.

WORTHERKUNFT Im Lateinischen bedeutet *fidelis* »vertrauenswürdig«.

ZAUBERMOMENT Mit diesem Zauber wird der Wohnort der Potters vor Voldemort geheim gehalten, wobei Peter Pettigrew als Geheimniswahrer dient. Pettigrew hintergeht die Potters, und James und Lily werden ermordet.

traue niemals einer Ratte!

> **ANMERKUNG** Jeder, dem der erste Geheimniswahrer das Geheimnis anvertraut, wird zum sekundären Geheimniswahrer und kann das Geheimnis nicht weitergeben, auch wenn er es will. Stirbt ein Geheimniswahrer, wird der sekundäre zum primären Geheimniswahrer.

Finestra

VERWENDUNG Lässt Fenster zu Staub zerbersten.

WORTHERKUNFT Im Italienischen bedeutet *finestra* »Fenster«.

ZAUBERMOMENT Im Film *Phantastische Tierwesen und wo sie zu finden sind* zerstört Newt Scamander das Fenster eines Ladens, um seinen entflohenen Niffler einzufangen.

> **ANMERKUNG** Dies ist eine sehr rücksichtsvolle Weise, Fenster einzuschlagen, da keine Glassplitter zurückbleiben.

ÄNDERUNGSZAUBER

Flammen-Gefrierzauber

VERWENDUNG Lässt Flammen sich wie eine warme Sommerbrise anfühlen.

WORTHERKUNFT k. A.

ZAUBERMOMENT In *Der Gefangene von Askaban* liest Harry, dass Hexen und Zauberer im Mittelalter diesen Zauber anwendeten und Schmerzen vortäuschten, wenn sie auf dem Scheiterhaufen verbrannt werden sollten.

> **ANMERKUNG** Die Hexe Wendeline die Ulkige hatte so viel Spaß an diesem Zauberspruch, dass sie sich verkleidete und mindestens 47 Mal fangen und verbrennen ließ.

Fulgari

VERWENDUNG Fesselt die Arme des Ziels mit leuchtenden Seilen.

WORTHERKUNFT Im Lateinischen bedeutet *fulgur* »Blitz«.

ZAUBERMOMENT In *Das verwunschene Kind* fesselt Delphini mit diesem Zauber Albus Potter und Scorpius Malfoy, bevor sie sie zwingt, durch die Zeit zur dritten Aufgabe des Trimagischen Turniers von 1995 zu reisen.

> **ANMERKUNG** Der passende Gegenzauber ist »Emancipare«.

Glacius

VERWENDUNG Lässt die Luft vor dem Zauberstab gefrieren.

WORTHERKUNFT Im Lateinischen bedeutet *glacies* »Eis«.

ZAUBERMOMENT In den LEGO-Videospielen unterrichtet Remus Lupin die Drittklässler in diesem Zauber.

> **ANMERKUNG** »Glacius Duo« und »Glacius Tria« sind stärkere Versionen dieses Zaubers.

Glisseo

VERWENDUNG Macht aus einer Treppe eine Rutsche.

WORTHERKUNFT Im Französischen bedeutet *glisser* »gleiten«.

ZAUBERMOMENT In *Die Heiligtümer des Todes* verhilft Hermine sich, Ron und Harry während der Schlacht von Hogwarts mit diesem Zauber zur Flucht vor den Todessern.

> **ANMERKUNG** Dies ist möglicherweise derselbe Zauber, mit dem die Treppe zum Schlafsaal der Mädchen im Gryffindor-Turm verzaubert ist.

Greifzauber

VERWENDUNG Macht Dinge leichter zu greifen.

WORTHERKUNFT k. A.

ZAUBERMOMENT *Quidditch im Wandel der Zeiten* zufolge macht dieser Zauber Schlaufen und Gifflöcher am Quaffel überflüssig.

> **ANMERKUNG** Dieser Zauberspruch wurde 1875 entdeckt.

∽ ÄNDERUNGSZAUBER ∽

Harmonia Nectere Passus

VERWENDUNG Repariert Verschwindekabinette.

WORTHERKUNFT Im Lateinischen bedeutet *harmonia* »Harmonie«, *nectere* bedeutet »verknüpfen« und *pandere* bedeutet »ausbreiten«, »ausstrecken« oder »öffnen«.

ZAUBERMOMENT In *Der Halbblutprinz* repariert Draco Malfoy das Verschwindekabinett im Raum der Wünsche mit diesem Zauberspruch.

ANMERKUNG Möglicherweise hat Draco drei verschiedene Zauber für die Reparatur verwendet, da er fast ein Jahr dafür benötigt.

Hausfriedenszauber

VERWENDUNG Entdeckt Eindringlinge und löst Alarm aus.

WORTHERKUNFT k. A.

ZAUBERMOMENT In *Der Halbblutprinz* sichert Horace Slughorn ein Muggelhaus, in dem er sich aufhält, mit diesem Zauber.

ANMERKUNG Der Alarm ist wohl nicht sehr laut, da Slughorn im Bad ist, als Harry und Albus Dumbledore eintreffen, und ihn trotzdem nicht hört.

Herbivicus

VERWENDUNG Verstärkt Pflanzenwachstum und lässt Blumen erblühen.

WORTHERKUNFT Wahrscheinlich eine Latinisierung des englischen Verbs *herba* (»Kraut«).

ZAUBERMOMENT Im Videospiel *Der Feuerkelch* findet sich dieser Zauberspruch in einem Zauberbuch Pomona Sprouts.

> **ANMERKUNG** »Herbivicius Duo« ist eine stärkere Version dieses Zaubers.

Homorphus-Zauber *So eine Überraschung!*

VERWENDUNG Verwandelt einen Werwolf vorübergehend in seine menschliche Form zurück.

WORTHERKUNFT Vom Lateinischen *homo* (»Mensch«) und dem Griechischen *morphe* (»Gestalt«).

ZAUBERMOMENT Gilderoy Lockhart behauptet, mit diesem Zauber den Werwolf von Wagga Wagga besiegt zu haben. Tatsächlich gebührt die Ehre aber einem armenischen Hexenmeister.

> **ANMERKUNG** Lockhart behauptet, dass dieser Zauber Lykanthropie dauerhaft heile, aber das stimmt nicht.

◦◦ ÄNDERUNGSZAUBER ◦◦

Homunculus-Zauber

VERWENDUNG Ermöglicht einem Gegenstand, die Bewegung von Menschen zu verfolgen.

WORTHERKUNFT Mit *Homunculus* bezeichnet man die Darstellung eines künstlichen Menschen.

ZAUBERMOMENT Die Karte des Rumtreibers ist mit einem Homunculus-Zauber belegt, sodass man auf ihr die Bewegungen jeder Person auf dem Hogwarts-Gelände verfolgen kann.

> *ANMERKUNG* Dieser Zauber lässt sich nicht mit einem Vielsaft-Trank, Tarnumhang oder Animagus täuschen. Er verfolgt auch Katzen wie Mrs. Norris.

Horton-Keitch-Bremszauber

VERWENDUNG Lässt Besen präziser anhalten.

WORTHERKUNFT k. A.

ZAUBERMOMENT Laut *Quidditch im Wandel der Zeiten* verhindert dieser Zauber, dass Spieler übers Ziel hinausschießen oder ins Abseits fliegen.

> *ANMERKUNG* Dieser Zauber wurde ca. 1929 von Basil Horton und Randolph Keitch erfunden. Er ist serienmäßig in alle Besen der Comet Trading Company eingebaut.

Illegibilus

VERWENDUNG Macht einen Text unlesbar.

WORTHERKUNFT Im Englischen bedeutet *illegible* »unlesbar«.

ZAUBERMOMENT Dieser Zauber wird nur im Sammelkartenspiel erwähnt.

ANMERKUNG Der Zauber ist nützlich, um Informationen in Dokumenten vor fremden Augen zu schützen.

Immobilus

VERWENDUNG Macht einen Gegenstand unbeweglich.

WORTHERKUNFT Im Lateinischen bedeutet *immobilis* »unbeweglich«.

EMPFOHLENE BEWEGUNG

ZAUBERMOMENT In der Verfilmung von *Der Gefangene von Askaban* lähmt Remus Lupin die Peitschende Weide mit diesem Zauber.

ANMERKUNG Horace Slughorn zufolge kann der Immobilus-Zauber einen Muggeleinbrecheralarm ausschalten.

ÄNDERUNGSZAUBER

Imperturbatio-Zauber

VERWENDUNG Erzeugt eine magische Barriere um das Ziel.

WORTHERKUNFT k. A.

ZAUBERMOMENT In *Der Orden des Phönix* belegt Molly Weasley eine Tür mit diesem Zauber, sodass Harry, Hermine und die Weasley-Kinder die Ordensmitglieder nicht belauschen können.

> **ANMERKUNG** Dieser Zauber blockiert Geräusche und Gegenstände, sodass die Langziehohren der Weasley-Zwillinge nicht funktionieren.

Impervius

VERWENDUNG Macht das Ziel wasser- und nebelabweisend.

WORTHERKUNFT Im Englischen bedeutet *impervious* »undurchdringlich«.

ZAUBERMOMENT In *Der Gefangene von Askaban* belegt Hermine Harrys Brillengläser mit diesem Zauber, damit er beim Quidditch-Spiel auch bei Regen gut sehen kann.

> **ANMERKUNG** In *Die Heiligtümer des Todes* schlägt Hermine Ron vor, die Dinge in Corban Yaxleys Büro mit diesem Zauber zu schützen, während er sich um den Regen kümmert.

Inflatus

VERWENDUNG Bläst das Ziel auf.

WORTHERKUNFT Im Englischen bedeutet *inflate* »mit Luft aufblasen«.

ZAUBERMOMENT Im Videospiel *Der Feuerkelch* belegen Harry, Ron und Hermine Wesen auf dem Hogwarts-Gelände mit diesem Zauber.

> **ANMERKUNG** Mit diesem Zauber kann man das Ziel auch vergrößern, bis es am Ende in einer Wolke von Ballons explodiert.

Informus

VERWENDUNG Fügt Informationen über ein Wesen zum *Folio Bruti* (Tierverzeichnis) des Anwenders hinzu.

WORTHERKUNFT Im Englischen bedeutet *inform* »Wissen vermitteln«.

ZAUBERMOMENT Dieser Zauber kommt in den Videospielen *Kammer des Schreckens* und *Gefangener von Askaban* vor.

> **ANMERKUNG** Informationen über Stärken und Schwächen eines magischen Wesens können zukünftig ganz praktisch sein.

∽ ÄNDERUNGSZAUBER ∽

Katzenjammer-Zauber

VERWENDUNG Löst einen schrillen Schrei aus, sobald jemand unerlaubt einen bestimmten Bereich betritt.

WORTHERKUNFT k. A.

ZAUBERMOMENT In *Die Heiligtümer des Todes* lösen Harry, Ron und Hermine versehentlich den Katzenjammer-Zauber aus, den die Todesser zur Überwachung der Ausgangssperre über Hogwarts gelegt haben.

> **ANMERKUNG** Man kann nicht überprüfen, wer den Katzenjammer-Zauber ausgelöst hat, wie Aberforth Dumbledore zeigt, der die Todesser davon überzeugt, dass er es war, als er seine Katze hinausgelassen hat.

Vielleicht sind die Todesser auch einfach nicht besonders helle ...

Kopfblasenzauber

VERWENDUNG Erzeugt eine Luftblase um den Kopf, die den Träger mit Sauerstoff versorgt.

WORTHERKUNFT k. A.

ZAUBERMOMENT Sowohl Cedric Diggory als auch Fleur Delacour nutzen diesen Zauber in der zweiten Aufgabe des Trimagischen Turniers, bei der die Teilnehmer bis zu eine Stunde unter Wasser bleiben müssen.

> **ANMERKUNG** Mit diesem Zauber kann man auch ekligen Gerüchen entgehen, deshalb ist er bei den Hogwarts-Schülern so beliebt, als sie mit Stinkbomben und Stinkkügelchen gegen Dolores Umbridge rebellieren.

Locomotor

VERWENDUNG Bewegt das Ziel.

WORTHERKUNFT Im Lateinischen bedeutet *locus* »Platz« und *motor* bedeutet »jemand, der etwas bewegt«.

ZAUBERMOMENT In *Phantastische Tierwesen und wo sie zu finden* sind deckt Porpentina Goldstein mit diesem Zauber einen Tisch.

ANMERKUNG Meist folgt auf »Locomotor« noch die Zielbezeichnung, wie »Locomotor Koffer«.

Lumos

VERWENDUNG Lässt die Zauberstabspitze aufleuchten.

WORTHERKUNFT Im Lateinischen bedeutet *lumen* »Licht«.

EMPFOHLENE BEWEGUNG

ZAUBERMOMENT In *Der Feuerkelch* verwendet Albus Dumbledore diesen Zauber, als er am Rand des Verbotenen Waldes nach Barty Crouch sr. sucht.

ANMERKUNG Im Film *Der Gefangene von Askaban* ist »Lumos Maxima« eine stärkere Version dieses Zaubers.

ÄNDERUNGSZAUBER

Lumos Solem

VERWENDUNG Erzeugt einen eng gebündelten Lichtstrahl.

WORTHERKUNFT Im Lateinischen bedeutet *lumen* »Licht« und *sol* bedeutet »Sonne«.

ZAUBERMOMENT In der Verfilmung zu *Der Stein der Weisen* rettet Hermine Ron mit diesem Zauber vor der Teufelsschlinge.

> **ANMERKUNG** Im Buch rettet Hermine Ron und Harry mit dem Hellblaue-Flämmchen-Zauber vor der tödlichen Pflanze.

Metelojinx

VERWENDUNG Erzeugt ein örtlich begrenztes Gewitter.

WORTHERKUNFT Im Griechischen bezieht sich *meteoros* auf alles, was vom Himmel fällt.

ZAUBERMOMENT Dieser Zauber wird hin und wieder in *The Wizarding World of Harry Potter* verwendet.

> **ANMERKUNG** Dieser Zauber ist »Meteolojinx« sehr ähnlich, der im japanischen *Wizarding World of Harry Potter* für Schneestürme verwendet wird.

Mobilcorpus

VERWENDUNG Bewegt Körper.

WORTHERKUNFT Im Lateinischen bedeutet *mobilis* »beweglich« und *corpus* bedeutet »Körper«.

ZAUBERMOMENT In *Der Gefangene von Askaban* holt Remus Lupin den bewusstlosen Snape mit diesem Zauber aus der Heulenden Hütte.

> **ANMERKUNG** Dieser Zauber hebt einen Körper wie eine Puppe an »unsichtbaren Schnüren« an.

Mobiliarbus

VERWENDUNG Versetzt Bäume und andere hölzerne Ziele.

WORTHERKUNFT Im Lateinischen bedeutet *mobilis* »beweglich« und *arbor* bedeutet »Baum«.

ZAUBERMOMENT In *Der Gefangene von Askaban* verrückt Hermine mit diesem Zauber einen Weihnachtsbaum im Drei Besen, um zusammen mit Ron und Harry andere unauffällig beobachten zu können.

> **ANMERKUNG** Mit »Mobili« kann man vermutlich eine ganze Reihe von Dingen bewegen, wenn man ihren lateinischen Namen kennt.

Molliare

VERWENDUNG Polstert das Ziel weich ab.

WORTHERKUNFT Im Lateinischen bedeutet *mollire* »weich machen«.

ZAUBERMOMENT *Quidditch im Wandel der Zeiten* zufolge findet dieser Zauber beim Besenbau Anwendung, um die Besen bequemer zu machen.

ANMERKUNG Dieser Polsterungszauber wurde 1920 von Elliot Smethwyck erfunden.

Muffliato

VERWENDUNG Füllt die Ohren der Umstehenden mit einem undefinierbaren Brummen.

WORTHERKUNFT Im Englischen bedeutet *muffle* »Geräusche dämpfen«.

ZAUBERMOMENT Nachdem er den Zauber im Exemplar von *Zaubertränke für Fortgeschrittene* des Halbblutprinzen gefunden hat, setzt Harry ihn gerne und häufig ein.

ANMERKUNG Hermine lehnt den Zauber im sechsten Schuljahr zunächst ab und weigert sich zu sprechen, wenn Harry ihn anwendet.

Nachfüllzauber

VERWENDUNG Füllt ein Gefäß wieder mit seinem Originalinhalt auf.

WORTHERKUNFT k. A.

ZAUBERMOMENT In *Der Halbblutprinz* wendet Harry diesen Zauber ungesagt an, um die Weingläser von Hagrid und Horace Slughorn wieder aufzufüllen, obwohl er ihn nie zuvor ausprobiert hat.

> **ANMERKUNG** Dieser Zauber funktioniert nicht mit Speisen, die eine der Ausnahmen von Gamps Gesetz der elementaren Transfiguration sind.

(Es hilft, vorher einen Schluck Felix Felicis getrunken zu haben)

Nox

VERWENDUNG Lässt einen mit Lumos erhellten Zauberstab erlöschen.

WORTHERKUNFT Im Lateinischen bedeutet *nox* »Nacht«.

EMPFOHLENE BEWEGUNG

ZAUBERMOMENT In *Die Heiligtümer des Todes* löscht Harry seinen Zauberstab, als er sich der Heulenden Hütte nähert, von wo aus Voldemort die Schlacht von Hogwarts überwacht.

> **ANMERKUNG** Dieser Zauber ist auch als Zauberstab-Löschzauber bekannt.

ÄNDERUNGSZAUBER

Obliviate

VERWENDUNG Löscht Erinnerungen des Ziels.

WORTHERKUNFT Im Lateinischen bedeutet *oblivisci* »vergessen«.

EMPFOHLENE BEWEGUNG

ZAUBERMOMENT In *Die Kammer des Schreckens* versucht Gilderoy Lockhart diesen Zauber bei Ron und Harry. Das geht dank Rons beschädigtem Zauberstab schief und Lockhart landet mit dauerhaftem Gedächtnisverlust im St.-Mungo-Hospital.

> **ANMERKUNG** Das Zaubereiministerium beeinflusst regelmäßig das Gedächtnis von Muggeln, die Zauberei erlebt haben.

Oculus Reparo

VERWENDUNG Repariert Brillen.

WORTHERKUNFT Im Lateinischen bedeutet *oculus* »Auge« und *reparo* bedeutet »ich repariere«.

ZAUBERMOMENT In der Verfilmung von *Der Stein der Weisen* repariert Hermine mit diesem Zauber Harrys Brille im Hogwarts Express.

> **ANMERKUNG** Dies ist eine Variante des Reparo-Zaubers.

Pack-Zauber

VERWENDUNG Packt Koffer.

WORTHERKUNFT k. A.

> **ANMERKUNG**
> Zauberer mit mehr Erfahrung mit Haushaltszaubern hätten vermutlich ordentlicher gepackt. Tonks erwähnt, dass ihre Mutter Socken dazu brachte, sich selbst zu falten.

ZAUBERMOMENT In *Der Orden des Phönix* packt Nymphadora Tonks mit diesem Zauber eilig Harrys Sachen in seinen Koffer, bevor sie zum Grimmauldplatz Nr. 12 aufbrechen.

»Pack« wäre eine ungewöhnliche Beschwörung – Tonks hat wohl eine andere, stumme Formel verwendet.

Partis Temporus

VERWENDUNG Teilt das Ziel vorübergehend.

WORTHERKUNFT Im Lateinischen bedeutet *partire* »teilen« und *temporarius* bedeutet »vorübergehend«.

ZAUBERMOMENT In der Verfilmung von *Der Halbblutprinz* teilt Albus Dumbledore mit diesem Zauber den Feuerring, mit dem er die Inferi vertrieben hat.

> **ANMERKUNG** Im Buch verwendet Dumbledore diesen Zauber nicht, sondern nutzt das Feuer als Schild, während er und Harry zum Boot zurückgehen.

ᑈ ÄNDERUNGSZAUBER ᑈ

Peskiwichteli Pesternomi

VERWENDUNG Soll (angeblich) Wichtel fangen oder vertreiben.

WORTHERKUNFT k. A.

ZAUBERMOMENT In *Die Kammer des Schreckens* versucht Gilderoy Lockhart diesen Zauber gegen die Wichtel, die er in seinem Klassenzimmer freigesetzt hat.

> **ANMERKUNG** Im Film *Der Orden des Phönix* wird in der Theorieprüfung gefragt, ob dies ein echter Zauber ist, und wenn nicht, wie die richtigen lateinischen Worte lauten würden.

Piertotum Locomotor

VERWENDUNG Erweckt Statuen und Rüstungen zum »Leben«.

WORTHERKUNFT Vom französischen *pierre* (»Stein«) und lateinischen *totum* (»ganz«).

ZAUBERMOMENT In *Die Heiligtümer des Todes* erweckt Minerva McGonagall mit diesem Zauber die Statuen und Rüstungen in Hogwarts zum Leben.

> **ANMERKUNG** Dieser Zauber ist eine Variante von »Locomotor«, wobei hier die Ziele ein Eigenleben entwickeln und sich nicht nur nach dem Willen des Zauberers bewegen. Er funktioniert vielleicht nur in Hogwarts, wo McGonagall den Statuen und Rüstungen befiehlt, ihre »Pflicht unserer Schule gegenüber« zu tun.

Platzierungszauber

VERWENDUNG Platziert einen Gegenstand an einen bestimmten Ort.

WORTHERKUNFT k. A.

ZAUBERMOMENT Laut *Phantastische Tierwesen und wo sie zu finden sind* soll man diesen Zauber nutzen, um einem Kelpie ein Halfter anzulegen. Nur so kann man es unter Kontrolle halten.

> **ANMERKUNG** Dieser Zauber wird nur in *Phantastische Tierwesen und wo sie zu finden sind* erwähnt.

Portus

VERWENDUNG Verwandelt einen Gegenstand in einen Portschlüssel.

WORTHERKUNFT Im Lateinischen bedeutet *porta* »Tür«.

ZAUBERMOMENT In Der *Orden des Phönix* verzaubert Albus Dumbledore einen Teekessel in einen Portschlüssel zum Grimmauldplatz Nr. 12, nachdem Harry in einer Vision sieht, dass Arthur Weasley von einer Schlange angegriffen wird.

> **ANMERKUNG** Der verzauberte Gegenstand wird kurz blau glühen und beben und sieht dann wieder ganz normal aus.

∽ ÄNDERUNGSZAUBER ∽

Prior Incantato

VERWENDUNG Zwingt einen Zauberstab, ein »Echo« seines letzten Zauberspruchs zu zeigen.

WORTHERKUNFT Im Lateinischen bedeutet *prior* »früher« und *incanto* bedeutet »eine Zauberformel aufsagen«.

ZAUBERMOMENT In *Der Feuerkelch* wendet Amos Diggery diesen Zauber auf Harrys Zauberstab an, um zu beweisen, dass er das Dunkle Mal an den Himmel gezaubert hat.

Wird ein Todesfluch wiedergegeben, zeigt sich ein geisterhaftes Bild des Getöteten über dem Zauberstab.

ANMERKUNG In den seltenen Fällen, wenn zwei Zauberstäbe mit Kernen vom gleichen Tier im Duell gegeneinander eingesetzt werden, kommt es zu Priori Incantatem. Überwindet ein Stab den anderen, zwingt er den Verlierer, Echos seiner häufigsten Zauber zu zeigen.

Protego

VERWENDUNG Erzeugt einen magischen Schild, der sowohl Gegenstände als auch Zauber abwehrt.

WORTHERKUNFT Im Lateinischen bedeutet *protego* »ich beschütze«.

EMPFOHLENE BEWEGUNG

ZAUBERMOMENT In *Der Feuerkelch* helfen Hermine und Ron Harry, diesen Zauber in Vorbereitung auf die dritte Aufgabe des Trimagischen Turniers zu üben. Dabei zerschmettert Hermine Harrys Schild mit einem »gut gezielten Wabbelbein-Fluch«.

ANMERKUNG Protego ist die einfachste Variante eines Schildzaubers und eignet sich gegen leichte bis mittelschwere Verwünschungen, Verhexungen und Flüche. Stärkere Versionen sind »Protego Horribilis«, »Protego Maxima« und »Protego Totalum«.

Proteus-Zauber

VERWENDUNG Verbindet Dinge miteinander.

WORTHERKUNFT Vom griechischen Gott *Proteus*, der seine Gestalt verändern konnte.

ZAUBERMOMENT Hermine lässt sich von den Dunklen Malen auf der Haut der Todesser inspirieren und wendet diesen Zauber auf falsche Galleonen an, um Mitglieder von Dumbledores Armee über neue Treffen zu informieren.

> **ANMERKUNG** Wenn man die Meister-Galleone verändert, erwärmen und verändern sich die anderen Galleonen auch. Das ist ähnlich den Dunklen Malen der Todesser, die zu brennen beginnen, sobald einer von ihnen sein Mal berührt.

Quietus

VERWENDUNG Hebt die Wirkung von »Sonorus« auf.

WORTHERKUNFT Im Lateinischen bedeutet *quietus* »ruhig«.

ZAUBERMOMENT In *Der Zauberkelch* nutzt Ludo Bagman diesen Zauber, um seine Stimme nach der Ansprache ans Publikum der Quidditch-Weltmeisterschaft zu senken.

> **ANMERKUNG** Der Zauberstab strahlt bei diesem Zauber kein Licht aus.

∽ ÄNDERUNGSZAUBER ∽

Ratzeputz

VERWENDUNG Reinigt einen Gegenstand.

WORTHERKUNFT k. A.

EMPFOHLENE BEWEGUNG

ZAUBERMOMENT In *Der Feuerkelch* bringt Hermine diesen Zauber Neville Longbottom bei, damit der die Froschinnereien unter seinen Fingernägeln loswird.

ANMERKUNG Auch als Putzzauber bekannt. *Phantastische Tierwesen und wo sie zu finden sind* zufolge braucht man diesen Zauber, um Bundimun im Haus loszuwerden.

Reducio

VERWENDUNG Verkleinert das Ziel.

WORTHERKUNFT Im Lateinischen bedeutet *reduce* »reduziere!«.

EMPFOHLENE BEWEGUNG

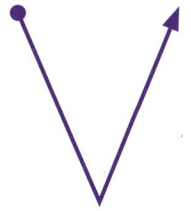

ZAUBERMOMENT In *Der Feuerkelch* verkleinert Barty Crouch jr. mit diesem Zauberspruch eine vergrößerte Spinne wieder auf ihre Originalgröße.

ANMERKUNG In Miranda Habichts *Lehrbuch der Zaubersprüche* steht dieser Zauber direkt neben »Engorgio«, damit die Schüler vergrößerte Dinge auch wieder auf Normalgröße verkleinern können.

Rennervate

VERWENDUNG Belebt vor allem ein Ziel im Schockzustand mit neuer Energie.

WORTHERKUNFT Im Lateinischen bedeutet *re* »wieder« und *nervus* bedeutet »Nerv«.

ZAUBERMOMENT In *Der Feuerkelch* belebt Amos Diggory mit diesem Zauberspruch Winky nach der Quidditch-Weltmeisterschaft wieder.

> **ANMERKUNG** Dieser Zauber hieß ursprünglich »Enervate«, aber da das eigentlich »schwächen« heißt, änderte J. K. Rowling den Namen zu Rennervate.

Reparo

VERWENDUNG Repariert einen beschädigten Gegenstand.

WORTHERKUNFT Im Lateinischen bedeutet *reparo* »ich repariere«.

EMPFOHLENE BEWEGUNG

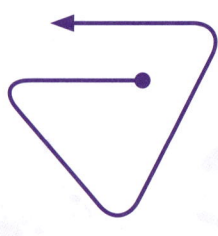

Führt zu starker Narbenbildung.

ZAUBERMOMENT In *Die Heiligtümer des Todes* kann Harry seinen gebrochenen Zauberstab mit dem Elderstab reparieren – normalerweise kann dieser Zauber magische Eigenschaften aber nicht wiederherstellen.

> **ANMERKUNG** Sollte nicht zum Heilen von Menschen und Tieren verwendet werden!

∽ ÄNDERUNGSZAUBER ∽

Repello Inimicum

VERWENDUNG Wehrt Feinde ab.

WORTHERKUNFT Im Lateinischen bedeutet *repello* »ich stoße zurück« und *inimicus* bedeutet »Feind«.

ZAUBERMOMENT Im Film *Die Heiligtümer des Todes – Teil 2* setzt Filius Flitwick diesen Zauber zum Schutz von Hogwarts ein.

> **ANMERKUNG** Dieser Zauber wird auch im Videospiel *LEGO Harry Potter: Die Jahre 5–7* erwähnt.

Repello Muggeltum

VERWENDUNG Hält Muggel von einem Bereich fern.

WORTHERKUNFT Im Lateinischen bedeutet *repello* »ich stoße zurück«.

ZAUBERMOMENT Das Gelände der Quidditch-Weltmeisterschaft ist mit Muggel-Abwehrzaubern gepflastert. Wenn sich ein Muggel nähert, fällt ihm plötzlich ein, dass er woanders etwas Wichtiges zu erledigen hat.

> **ANMERKUNG** *Phantastische Tierwesen und wo sie zu finden sind* zufolge schützt man mit diesem Zauber auch die Lebensräume magischer Tierwesen.

Rictusempra

VERWENDUNG Schwächt das Ziel durch Gelächter.

WORTHERKUNFT Im Lateinischen bedeutet *rictus* »aufgesperrter Mund« und *semper* bedeutet »immer«.

EMPFOHLENE BEWEGUNG

ZAUBERMOMENT In *Die Kammer des Schreckens* greift Harry Draco Malfoy beim ersten Treffen des Duellierclubs mit diesem Zauber an.

> **ANMERKUNG** In der Verfilmung von *Kammer des Schreckens* schleudert der Zauber Draco quer durch den Raum, statt ihn zum Lachen zu bringen.

Riddikulus

VERWENDUNG Verwandelt einen Irrwicht in etwas Lächerliches.

WORTHERKUNFT Im Lateinischen bedeutet *ridiculum* »Witz«.

ZAUBERMOMENT In *Der Gefangene von Askaban* müssen die Drittklässler als Teil der Abschlussprüfung in einen Schrank steigen und einen Irrwicht mit diesem Zauber besiegen.

> **ANMERKUNG** Technisch gesprochen, bannt dieser Zauber alleine nicht den Irrwicht, sondern das Gelächter des Anwenders.

Rückverwandlungszauber

VERWENDUNG Führt einen Animagus in seine oder ihre menschliche Gestalt zurück.

WORTHERKUNFT k. A.

ZAUBERMOMENT In *Der Gefangene von Askaban* beweisen Sirius Black und Remus Lupin mit diesem Zauber, dass Rons Ratte Krätze in Wahrheit Peter Pettigrew ist.

ÄNDERUNGSZAUBER

Ruderzauber

VERWENDUNG Treibt ein Ruderboot ohne Ruder an.

WORTHERKUNFT k. A.

ZAUBERMOMENT In *Der Stein der Weisen* befördert Hagrid die Erstklässler mit diesem Zauber über den Großen See von Hogwarts.

> **ANMERKUNG** Dies ist wohl derselbe Zauber, den Hagrid verwendet, als er Harry von der Hütte auf dem Fels abholt.

Salvio Hexia

VERWENDUNG Schirmt vor Verhexungen ab.

WORTHERKUNFT Im Lateinischen bedeutet *salvare* »retten« und *hexia* bedeutet »Verhexungen«.

ZAUBERMOMENT In *Die Heiligtümer des Todes* schützt Hermine wiederholt sich selbst, Harry und Ron vor der Entdeckung durch die Todesser.

> **ANMERKUNG** Dieser Zauberspruch kommt auch im Videospiel *Hogwarts Mystery* vor.

Schwebezauber

VERWENDUNG Lässt Dinge schweben.

WORTHERKUNFT k. A.

EMPFOHLENE BEWEGUNG

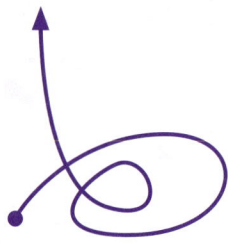

ZAUBERMOMENT In *Die Kammer des Schreckens* lässt Dobby mit diesem Zauber Petunia Dursleys Nachtisch aufsteigen und auf den Boden krachen.

> **ANMERKUNG** Dieser Zauber lässt Dinge durch die Luft schweben, anders als »Wingardium Leviosa«, das Dinge hochfliegen lässt.

Silencio

VERWENDUNG Bringt das Ziel zum Schweigen.

WORTHERKUNFT Im Lateinischen bedeutet *silentium* »Schweigen«

ZAUBERMOMENT In *Der Orden des Phönix* lässt Filius Flitwick seine Fünftklässler diesen Zauber an Raben und Ochsenfröschen üben.

> **ANMERKUNG** *Phantastische Tierwesen und wo sie zu finden sind* zufolge sind Fwuuper magische Vögel, die man vor dem Verkauf mit einem Silencio-Zauber belegen muss, weil ihr Gesang den Zuhörer sonst in den Wahnsinn treibt. Die Besitzer müssen den Zauber jeden Monat erneuern.

∽ ÄNDERUNGSZAUBER ∽

Sonorus

VERWENDUNG Macht die Stimme lauter.

WORTHERKUNFT Im Lateinischen bedeutet *sonorus* »schallend«.

ZAUBERMOMENT In *Der Feuerkelch* verstärkt Ludo Bagman seine Stimme mit diesem Zauber, sodass er die Quidditch-Weltmeisterschaft kommentieren kann.

> **ANMERKUNG** Dies ist möglicherweise auch der Zauber, mit dem Molly Weasley in *Der Halbblutprinz* das Radio lauter macht, als Fleur Delacour sich beschwert.

Specialis Revelio

VERWENDUNG Identifiziert die Zutaten eines Tranks oder die magischen Fähigkeiten eines Gegenstands.

WORTHERKUNFT Im Lateinischen bedeutet dieser Satz »ich enthülle besondere Dinge«.

ZAUBERMOMENT In *Der Halbblutprinz* wendet Hermine diesen Zauber im Unterricht auf einen Trank an, um ein Gegenmittel mischen zu können.

> **ANMERKUNG** Horace Slughorn bezeichnet diesen Zauber auch als »Scarpins Revelatiozauber«.

Stundendreh-Zauber

VERWENDUNG Kehrt die Zeit um.
WORTHERKUNFT k. A.

ZAUBERMOMENT In *Der Gefangene von Askaban* retten Hermine und Harry mit diesem Zauber sowohl Seidenschnabel als auch Sirius Black.

> **ANMERKUNG** Zeitumkehrer wurden für diesen Zauber entwickelt, um ihn besser zu kontrollieren. Ohne ein Gefäß ist er instabil.

Stupor

VERWENDUNG Macht das Ziel bewusstlos.

WORTHERKUNFT Im Lateinischen bedeutet *stupor* »Erstarrung«.

EMPFOHLENE BEWEGUNG

↑

Oder den Halbriesen Hagrid.

ZAUBERMOMENT In *Der Orden des Phönix* wird Minerva McGonagall von Schockzaubern in die Brust getroffen, während sie Hagrid verteidigt, der von Dolores Umbridge und mehreren Auroren hinausgeworfen wird. Sie muss daraufhin im St.-Mungo-Hospital behandelt werden.

> **ANMERKUNG** Dieser Zauber wirkt nicht auf alle Wesen gleich. So müssen viele Drachenwärter zusammenarbeiten, um einen Drachen zu schocken.

ᴄ∾ ÄNDERUNGSZAUBER ∾ᴄ

Superspürsinns-Zauber

VERWENDUNG Schärft die Sinne des Anwenders über das Normale hinaus.

WORTHERKUNFT k. A.

ZAUBERMOMENT In *Die Heiligtümer des Todes* sagt Ron, dass er beim Autofahren diesen Zauber statt der Rückspiegel verwendet.

ANMERKUNG Es ist unbekannt, wie lange der Zauber anhält oder ob er nur bestimmte Sinne verstärkt.

Tergeo

VERWENDUNG Reinigt einen Gegenstand.

WORTHERKUNFT Im Lateinischen bedeutet *tergeo* »ich reinige«.

ZAUBERMOMENT In *Der Halbblutprinz* wischt Hermine mit diesem Zauber Blut von Harrys Gesicht, nachdem Draco Malfoy ihm die Nase gebrochen hat.

ANMERKUNG Könnte mit dem Putzzauber verwandt sein.

Tilgzauber

VERWENDUNG Beseitigt Fußspuren.

WORTHERKUNFT k. A.

ZAUBERMOMENT In *Der Orden des Phönix* beseitigt Hermine mit diesem Zauber die Spuren, die sie, Ron und Harry auf dem Rückweg von Hagrids Hütte im Schnee hinterlassen haben.

> **ANMERKUNG** Vermutlich hat Hermine denselben Zauber verwendet, um die Spuren zu tilgen, die sie in Godric's Hollow hinterlassen haben.

Unsichtbarkeitszauber

VERWENDUNG Macht einen Gegenstand unsichtbar.

WORTHERKUNFT k. A.

ZAUBERMOMENT In *Der Orden des Phönix* bemerkt Hermine, dass die Kopflosen Hüte von Fred und George Weasley recht clever die Wirkung des Unsichtbarkeitszaubers über das verzauberte Objekt hinaus ausdehnen.

> **ANMERKUNG** »Revelio« kann diesen Zauber wohl aufheben.

∽ ÄNDERUNGSZAUBER ∽

Unzerbrechlichkeitszauber

VERWENDUNG Macht einen Gegenstand unzerbrechlich.

WORTHERKUNFT k. A.

ZAUBERMOMENT In *Der Feuerkelch* sperrt Hermine Rita Kimmkorn in Käfergestalt in ein unzerbrechlich gezaubertes Einmachglas, damit sie nicht entkommen kann.

> **ANMERKUNG** Dies ist die einzige Erwähnung dieses Zaubers in der gesamten Serie.

Verhexte Schneebälle

VERWENDUNG Macht Schneebälle zuverlässig treffsicher.

WORTHERKUNFT k. A.

Alias Lord Voldemort

ZAUBERMOMENT In *Der Stein der Weisen* werden Fred und George Weasley bestraft, weil sie Quirinus Quirrells Turban mit verhexten Schneebällen bewerfen.

> **ANMERKUNG** Fred und George verwendeten wohl denselben Zauber in *Der Orden des Phönix,* um Ron zu nerven, indem sie wiederholt Schneebälle gegen das Fenster des Gryffindor-Gemeinschaftsraums warfen.

Volate Ascendare

VERWENDUNG Lässt das Ziel hochfliegen.

WORTHERKUNFT Im Lateinischen bedeutet *volate* »fliegt!« und *ascendere* bedeutet »hochsteigen«.

ZAUBERMOMENT In *Die Kammer des Schreckens* wendet Gilderoy Lockhart diesen Zauber beim ersten Treffen des Duellierclubs auf eine von Draco Malfoy beschworene Schlange an. Man weiß nicht, was Lockhart damit bezweckt, aber es scheint die Schlange zu verärgern.

> **ANMERKUNG** Hermine setzt diesen Zauber fünf Jahre später in *Die Heiligtümer des Todes* in Panik gegen die Schlange Nagini ein, als diese Harry in Bathilda Bagshots Haus töten will.

Waddiwasi

VERWENDUNG Sendet eine weiche Masse an ein bestimmtes Ziel.

WORTHERKUNFT Im Schwedischen bedeutet *vadd* »weiche Masse« und im Französischen bedeutet *vas-y* »geh dahin«.

ZAUBERMOMENT In *Der Gefangene von Askaban* entfernt Remus Lupin mit diesem Zauber einen Kaugummi, den Peeves in ein Schlüsselloch gedrückt hat, und stopft ihn in Peeves Nase.

> **ANMERKUNG** Vermutlich kann man auch andere Nomina mit dem wasi-Teil des Zaubers kombinieren.

~ ÄNDERUNGSZAUBER ~

Wingardium Leviosa

VERWENDUNG Lässt das Ziel hochfliegen.

WORTHERKUNFT Im Englischen bedeutet *wing* »Flügel«, im Lateinischen bedeutet *arduus* »hoch« und *levare* bedeutet »schweben«.

EMPFOHLENE BEWEGUNG

ZAUBERMOMENT In *Der Stein der Weisen* lässt Ron mit diesem Zauber eine Trollkeule hochfliegen und dann auf den Kopf des Trolls fallen, um ihn bewusstlos zu schlagen.

»Wutschen und Wedeln«

ANMERKUNG Dem *Lehrbuch der Zaubersprüche* zufolge hängen die anzuhebende Masse und die Dauer des Zaubers vom Können des Anwenders ab.

Zauber für volleres Haar

VERWENDUNG Lässt Haare schnell wachsen.

WORTHERKUNFT k. A.

ZAUBERMOMENT In *Der Orden des Phönix* wendet ein Slytherin-Schüler diesen Zauber auf Alicia Spinnet an, woraufhin ihre Augenbrauen beängstigend wuchern. Dies ist einer von mehreren Angriffen von Slytherin-Schülern auf Gryffindors Quidditch-Team.

ANMERKUNG Dies ist möglicherweise der Zauber, den Harry unbewusst wirkte, nachdem ihm Petunia Dursley eine schreckliche Frisur verpasst hatte.

KAPITEL 3

VERWÜNSCHUNGEN
VERHEXUNGEN UND FLÜCHE

Verwünschungen, Verhexungen und Flüche (Schwarze Magie) aus Harry Potters Welt

In der Regel sind Verwünschungen nervig, Verhexungen sind etwas ernster und Flüche sind schwärzeste Magie.

Albus Dumbledores gewaltiger Zauber

ART Zauberspruch

VERWENDUNG Erzeugt einen gewaltigen Kraftstrahl.

WORTHERKUNFT k. A.

ZAUBERMOMENT In *Der Orden des Phönix* greift Albus Dumbledore Voldemort während ihres Kampfs im Zaubereiministerium mit diesem Zauber an. Er ist extrem stark, und Voldemort muss einen Schild beschwören, um ihn abzuwehren.

> **ANMERKUNG** Der Zauber ist zwar gewaltig, aber nicht tödlich – Voldemort bemerkt Dumbledores Zögern, ihn zu töten, nachdem er den Zauber abgewehrt hat.

Anteoculatia

ART Verhexung

VERWENDUNG Lässt die Haare des Ziels zum Geweih werden.

WORTHERKUNFT Im Spanischen bedeutet *ante* »Hirschleder« und im Lateinischen bedeutet *oculus* »Auge«.

ZAUBERMOMENT In *Der Orden des Phönix* wird Pansy Parkinson während des Schüleraufstands nach der Flucht der Weasley-Zwillinge aus Hogwarts von diesem Zauber getroffen.

> **ANMERKUNG** Vermutlich hat Gilbert Wimple in *Der Feuerkelch* kurz vor der Quidditch-Weltmeisterschaft mit diesem Zauberspruch experimentiert, da er mit einem Geweih auf dem Kopf auftaucht.

VERWÜNSCHUNGEN, VERHEXUNGEN UND FLÜCHE

Anti-Disapparier-Fluch

ART Verwünschung

VERWENDUNG Hindert Hexen und Zauberer am Disapparieren aus einem bestimmten Bereich.

WORTHERKUNFT k. A.

ZAUBERMOMENT In *Der Orden des Phönix* hindert Albus Dumbledore mit diesem Zauberspruch die Todesser daran, nach dem Kampf in der Mysteriumsabteilung aus dem Zaubereiministerium zu verschwinden.

> **ANMERKUNG** Dieser Zauber hindert jeden daran, aus Hogwarts zu disapparieren.

Wirkt allerdings nicht bei Hauselfen.

Antonin Dolohows Fluch

ART Fluch

VERWENDUNG Verursacht große Schmerzen und tötet möglicherweise auch.

WORTHERKUNFT k. A.

ZAUBERMOMENT Während des Kampfs in der Mysteriumsabteilung in *Der Orden des Phönix* belegt Antonin Dolohow Hermine ungesagt mit diesem Fluch, woraufhin sie zusammenbricht. Madam Pomfrey zufolge hätte er noch mehr Schaden angerichtet, hätte Hermine Dolohow nicht einige Zeit zuvor mit einem Schweigefluch belegt.

> **ANMERKUNG** Dieser Fluch erzeugt violette Flammen, die das Ziel treffen.

Avada Kedavra

ART Fluch

VERWENDUNG Tötet das Ziel.

WORTHERKUNFT »Das ist ein alter aramäischer Fluch und der Ursprung der Zauberformel Abrakadabra, der ›das Ding soll zerstört sein‹ bedeutet. Ursprünglich war es ein Heilzauber und das ›Ding‹ eine Krankheit, aber ich beschloss, dass es die Person vor mir sein soll«, sagt J. K. Rowling 2004 in einem Interview.

ZAUBERMOMENT Im Film *Die Heiligtümer des Todes – Teil 2* versucht Bellatrix Lestrange, Ginny Weasley mit diesem Fluch zu töten, die ihn aber mit einem Schildzauber abwehrt. Im Buch weicht Ginny dem Fluch aus, weil bereits festgelegt wurde, dass Avada Kedavra nicht mit Änderungszaubern abgewehrt werden kann. In beiden Versionen erzürnt dieser Angriff Molly Weasley, die daraufhin Lestrange im Duell tötet.

> **ANMERKUNG** Avada Kedavra ist auch als Todesfluch bekannt und einer der Unverzeihlichen Flüche, die in der Welt der Zauberer absolut verboten sind. Harry Potter ist der Einzige, der einen direkten Treffer mit diesem Fluch überlebt hat, und das gleich zwei Mal: einmal als Baby, das durch die Liebe und das Opfer seiner Mutter beschützt wurde, und zum zweiten Mal als Gebieter des Todes, der den Elderstab, den Stein der Auferstehung und den Tarnumhang besitzt. Indem er die Unausweichlichkeit des Todes akzeptiert, kann er sich entscheiden, in die Welt der Lebenden zurückzukehren.

Babbelfluch

ART Fluch

VERWENDUNG Lässt das Ziel Unsinn reden, wenn es zu sprechen versucht.

WORTHERKUNFT k. A.

ZAUBERMOMENT In *Die Kammer des Schreckens* behauptet Gilderoy Lockhart, einen transsilvanischen Dörfler von diesem Fluch befreit zu haben.

> **ANMERKUNG** Da der Fluch nur vom als Aufschneider und Lügner bekannten Gilderoy Lockhart erwähnt wird, liegt es nahe, dass er den Mann nicht geheilt hat oder der Fluch gar nicht existiert.

VERWÜNSCHUNGEN, VERHEXUNGEN UND FLÜCHE

Bindehautentzündungs-Fluch

ART Fluch

VERWENDUNG Beeinträchtigt Augen und Sehkraft des Ziels.

WORTHERKUNFT k. A.

ZAUBERMOMENT In *Der Feuerkelch* wendet Viktor Krum diesen Zauber in der ersten Aufgabe des Trimagischen Turniers auf seinen Drachen an. Das geht nach hinten los, weil der Drache heftig zuckt und einige seiner eigenen Eier zerstört.

> **ANMERKUNG** Sirius Black wollte Harry diesen Fluch für seine erste Aufgabe des Trimagischen Turniers vorschlagen, da die Augen die schwächste Stelle eines Drachens sind.

Blendzauber

ART Verhexung

VERWENDUNG Blendet das Ziel vermutlich vorübergehend.

WORTHERKUNFT k. A.

ZAUBERMOMENT In *Die Heiligtümer des Todes* behauptet Xenophilius Lovegood, dass man einen einfachen Umhang mit einem Blendzauber belegen kann, sodass er wie ein Tarnumhang funktioniert.

> **ANMERKUNG** Blenden bedeutet, jemandem mit hellem Licht die Sicht zu nehmen.

Brachiabindo

ART Unbekannt

VERWENDUNG Fesselt den Gegner mit Seilen.

WORTHERKUNFT Im Lateinischen bedeutet *bracchium* »Arm« und im Altenglischen bedeutet *bindo* »binden«.

ZAUBERMOMENT In *Das verwunschene Kind* richtet Cedric Diggory diese schwarze Magie im Labyrinth des Trimagischen Turniers gegen Delphini.

> **ANMERKUNG** Der Gegenzauber, um sich zu befreien, lautet »Emancipare«.

Brandzauber

ART Verwünschung

VERWENDUNG Verursacht starke Schmerzen und Schwellungen.

WORTHERKUNFT k. A.

ZAUBERMOMENT In *Die Heiligtümer des Todes* entstellt Hermine Harry mit diesem Zauber, damit die Greifer ihn nicht erkennen..

> **ANMERKUNG** Es ist nicht klar, ob dies der gleiche Zauber ist, den Harry in der Okklumentikstunde gegen Severus Snape anwendet.

VERWÜNSCHUNGEN, VERHEXUNGEN UND FLÜCHE

Calvario

ART Fluch

VERWENDUNG Entfernt Haare oder Kopfbedeckung des Ziels

WORTHERKUNFT Im Lateinischen bedeutet *calvus* »kahl«.

ZAUBERMOMENT In *Der Stein der Weisen* zieht Hagrid Harry vom Buch *Flüche und Gegenflüche* weg, das diesen Enthaarungszauber enthält.

> **ANMERKUNG** Dieser Zauberspruch wird erstmals in den LEGO-Videospielen erwähnt.

Cantis

ART Verwünschung

VERWENDUNG Lässt das Ziel singen.

WORTHERKUNFT Im Lateinischen bedeutet *cantare* »singen«.

ZAUBERMOMENT Dieser Zauberspruch findet sich im Videospiel *LEGO Harry Potter: Die Jahre 5–7*.

> **ANMERKUNG** Möglicherweise ist dies der Zauberspruch, mit dem die Rüstungen in Hogwarts belegt wurden, damit sie Weihnachtslieder singen.

Colloshoo

ART Verhexung

VERWENDUNG Lässt die Schuhe des Ziels am Boden festkleben.

WORTHERKUNFT Vom lateinischen Begriff *colligare* (»verbinden«) und dem englischen Begriff *shoe* (»Schuh«).

EMPFOHLENDE BEWEGUNG

ZAUBERMOMENT Dieser Zauber kommt im Harry-Potter-Sammelkartenspiel vor.

> **ANMERKUNG** Dieser Zauber ist auch als Klebezauber bekannt.

Confringo

ART Fluch

VERWENDUNG Verursacht eine Explosion.

WORTHERKUNFT Im Lateinischen bedeutet *confringo* »ich zerbreche«.

ZAUBERMOMENT In Die *Heiligtümer des Todes* zerstört Harry mit diesem Fluch den Seitenwagen, in dem er während der Schlacht der Sieben Potters sitzt.

> **ANMERKUNG** Auf einer Schokofrosch-Karte heißt es, Alberta Toothill hätte mit diesem Zauber beim Zaubererduell-Turnier von 1430 Samson Wiblin geschlagen.

VERWÜNSCHUNGEN, VERHEXUNGEN UND FLÜCHE

Crucio

ART Fluch

VERWENDUNG Verursacht dem Ziel unerträgliche Schmerzen.

WORTHERKUNFT Im Lateinischen bedeutet *crucio* »ich foltere«.

ZAUBERMOMENT In *Der Orden des Phönix* setzt Harry diesen Fluch gegen Bellatrix Lestrange ein, nachdem sie Sirius Black ermordet hat. Es funktioniert aber nicht, wie Bellatrix spöttisch erklärt: »Du musst wirklich Schmerz zufügen wollen.«

ANMERKUNG Als einer der drei Unverzeihlichen Flüche ist die Strafe für die Anwendung gegen einen Menschen die lebenslange Inhaftierung in Askaban.

Dämonenfeuer

ART Fluch

VERWENDUNG Entfacht ein magisches Feuer.

WORTHERKUNFT k. A.

ZAUBERMOMENT In *Die Heiligtümer des Todes* wirkt Crabbe während des Kampfs um Hogwarts diesen Zauber im Raum der Wünsche.

ANMERKUNG Die Flammen des Dämonenfeuers sind magisch und eine der wenigen Möglichkeiten, einen Horkrux zu zerstören. Sie können weder mit normalem noch verzaubertem Wasser gelöscht werden.

Densaugeo

ART Verhexung

VERWENDUNG Vergrößert die Zähne des Ziels.

WORTHERKUNFT Im Lateinischen bedeutet *dens* »Zahn« und *augeo* bedeutet »ich vergrößere«.

ZAUBERMOMENT In *Der Feuerkelch* wird Hermine während eines Duells zwischen Harry und Draco versehentlich von diesem Zauber getroffen.

ANMERKUNG Als Gegenmittel empfiehlt sich ein Schrumpfzauber.

Drehknie-Fluch

ART Verhexung

VERWENDUNG Dreht die Knie des Ziels von vorne nach hinten.

WORTHERKUNFT k. A.

ZAUBERMOMENT In *Quidditch im Wandel der Zeiten* wird berichtet, dass eine Frau namens Gertie Keddle damit einen Mann verhexte, der während eines frühen Quidditch-Spiels im 12. Jahrhundert seinen Ball aus ihrem Garten holen wollte.

ANMERKUNG Pottermore zufolge wachte der Sucher der kanadischen Nationalmannschaft 1877 eines Morgens mit diesem Fluch belegt auf.

VERWÜNSCHUNGEN, VERHEXUNGEN UND FLÜCHE

Ebublio

ART Verwünschung

VERWENDUNG Schließt das Ziel in einer großen Blase ein.

WORTHERKUNFT Vermutlich vom englischen Begriff *bubble* (»Blase«).

ZAUBERMOMENT Dieser Zauberspruch kommt im Videospiel *Der Feuerkelch* vor.

ANMERKUNG Dieser Zauber ist hilfreich gegen Sumpfkrattler und Erklinge.

Eingeweide-Ausweide-Fluch

ART Fluch

VERWENDUNG Stülpt die Eingeweide des Ziels nach außen.

WORTHERKUNFT k. A.

ZAUBERMOMENT In *Der Orden des Phönix* wird erwähnt, dass das Porträt von Urquhart Rackharrow, der diesen Fluch erfunden hat, im St.-Mungo-Hospital hängt.

ANMERKUNG Es ist nicht ganz klar, warum das Porträt des Erfinders eines so schlimmen Fluchs in einem Krankenhaus hängt.

# Engorgio Skullus

ART Verhexung

VERWENDUNG Lässt den Kopf des Ziels anschwellen.

WORTHERKUNFT Von den englischen Begriffen *engorge* (»vollstopfen«) und *skull* (»Schädel«).

ZAUBERMOMENT Dieser Zauber kommt in den LEGO-Videospielen vor.

> **ANMERKUNG** Der Gegenzauber ist »Redactum Skullus«.

Entiflors

ART Verwünschung

VERWENDUNG Verwandelt das Ziel in eine Ente.

WORTHERKUNFT Im Lateinischen bedeutet *forma* »Gestalt«.

ZAUBERMOMENT Dieser Zauber kommt in den Videospielen Der Feuerkelch und *LEGO Harry Potter: Die Jahre 5–7* vor.

> **ANMERKUNG** Man könnte diesen Zauber auch als Verwandlungszauber einstufen.

◦◦ VERWÜNSCHUNGEN, VERHEXUNGEN UND FLÜCHE ◦◦

Entomorphis

ART Verwünschung

VERWENDUNG Verwandelt das Ziel in ein Insekt.

WORTHERKUNFT Im Griechischen bedeutet *entomo* »Insekt« und *morfi* bedeutet »Gestalt«.

ZAUBERMOMENT Dieser Zauber kommt in den LEGO-Videospielen vor. Dort haben sie ihn aber fälschlicherweise als Verhexung etikettiert.

> **ANMERKUNG** Diese Verwünschung kann man bei Wiseacres Zauberausrüstung in der Winkelgasse kaufen.

Expulso

ART Fluch

VERWENDUNG Verursacht eine Explosion.

WORTHERKUNFT Im Lateinischen bedeutet *expulso* »ich treibe heraus«.

ZAUBERMOMENT In *Die Heiligtümer des Todes* sprengt Thorfinn Rowle während eines Kampfs im Café mit diesem Fluch einen Tisch.

> **ANMERKUNG** In den *Heiligtümer-des-Todes*-Videospielen funktioniert der Fluch eher wie ein Sturmgewehr.

Finger-weg-Fluch

ART Verwünschung

VERWENDUNG Entfernt die Finger des Ziels.

WORTHERKUNFT k. A.

ZAUBERMOMENT In *Quidditch im Wandel der Zeiten* heißt es, dass Goodwin Kneens Frau Gunhilda ihn mit diesem Zauber verhexte, nachdem er einmal spät von einem Spiel nach Hause kam.

> **ANMERKUNG** Die Verwünschung kann rückgängig gemacht werden, denn Kneen schreibt seinem Cousin, er habe seine Finger jetzt wieder.

Flagrante

ART Fluch

VERWENDUNG Macht einen Gegenstand glühend heiß, sodass man sich die Finger daran verbrennt.

WORTHERKUNFT Im Lateinischen bedeutet *flagrans* »brennend«.

ZAUBERMOMENT In *Die Heiligtümer des Todes* sind die Wertsachen im Verlies der Lestranges bei Gringotts sowohl mit diesem Fluch als auch mit Geminio geschützt.

> **ANMERKUNG** In der Verfilmung sind die Wertsachen nicht mit diesem Fluch belegt.

VERWÜNSCHUNGEN, VERHEXUNGEN UND FLÜCHE

Flederwichtfluch

ART Verhexung

VERWENDUNG Lässt die Nasenpopel des Ziels in Form von Fledermäusen aus dessen Nase fliegen.

WORTHERKUNFT k. A.

ZAUBERMOMENT In *Der Halbblutprinz* lädt Horace Slughorn Ginny Weasley in den Slug-Klub ein, nachdem er gesehen hat, wie sie diesen Zauber gegen Zacharias Smith einsetzt.

> **ANMERKUNG** Der Zauberspruch wurde von Miranda Habicht erfunden.

Flipendo

ART Verwünschung

VERWENDUNG Stößt das Ziel zurück.

WORTHERKUNFT Vermutlich eine Verballhornung der englischen Wörter *flip* (»umkippen«) und *end* (»Ende«)

EMPFOHLENE BEWEGUNG

ZAUBERMOMENT In *Das verwunschene Kind* setzt Draco Malfoy diesen Zauber im Duell gegen Harry ein.

> **ANMERKUNG** Der Zauber ist auch als Weiche-zurück-Fluch bekannt. »Flipendo Duo« und »Flipendo Tria« sind stärkere Versionen.

… DAS INOFFIZIELLE HARRY-POTTER-BUCH DER ZAUBERSPRÜCHE …

Furnunculus

ART Fluch/Verwünschung

VERWENDUNG Verpasst dem Ziel Furunkel oder Pickel.

WORTHERKUNFT Im Englischen bedeutet *furuncle* »Furunkel«.

ZAUBERMOMENT In *Der Feuerkelch* verhext Harry Vincent Crabbe mit diesem Zauber, während George Weasley ihn gleichzeitig mit dem Wabbelbein-Fluch trifft. Als Folge wachsen kleine Tentakel aus Crabbes Gesicht.

> **ANMERKUNG** Während George Weasley den Zauberspruch als Furnunculus-Fluch bezeichnet, heißt er auf Pottermore »Pickel-Fluch«.

Geminio

ART Fluch

VERWENDUNG Erzeugt Duplikate des Ziels.

WORTHERKUNFT Im Lateinischen bedeutet *gemino* »verdoppeln«.

ZAUBERMOMENT In *Die Heiligtümer des Todes* sind die Wertsachen im Verlies der Lestranges bei Gringotts sowohl mit diesem Fluch als auch mit Flagrante geschützt. Jeder berührte Gegenstand vervielfältigt sich endlos, sodass Diebe schließlich erdrückt werden.

> **ANMERKUNG** Dem *Lehrbuch der Zaubersprüche* zufolge wurde der Fluch von den Zwillingen Helixa und Syna Hyslop erfunden.

∽ VERWÜNSCHUNGEN, VERHEXUNGEN UND FLÜCHE ∽

Hermine Grangers Verwünschung

ART Verwünschung

VERWENDUNG Lässt purpurne Pusteln im Gesicht eines Verräters sprießen.

WORTHERKUNFT k. A.

ZAUBERMOMENT In *Der Orden des Phönix* verzaubert Hermine das von den Mitgliedern von Dumbledores Armee unterzeichnete Pergament mit dieser Verwünschung, sagt aber keinem etwas davon. Als Marietta Edgecombe Dolores Umbridge von dem illegalen Klub erzählt, löst das die Verwünschung aus.

ANMERKUNG Der Zauber wurde wohl von Hermine erfunden und ist stark, da weder Madame Pomfrey noch Dolores Umbridge ihn aufheben können.

Horkrux-Fluch

ART Fluch

VERWENDUNG Schließt ein Stück der eigenen Seele in einen Gegenstand ein, um Unsterblichkeit zu erlangen.

WORTHERKUNFT k.A.

ZAUBERMOMENT In *Die Kammer des Schreckens* zerstört Harry mit Tom Riddles Tagebuch unwissentlich den ersten von Voldemort erzeugten Horkruxen.

ANMERKUNG Um einen Horkrux herzustellen, muss der Zauberer einen vorsätzlichen Mord begehen und dann den beschädigten Teil seiner Seele magisch in einen Gegenstand einschließen. Solange der Horkrux unbeschädigt ist, kann der Zauberer niemals sterben, auch wenn er in anderer Form weiterexistiert.

Niemand außer Voldemort will wohl in körperloser Form existieren

Impedimenta

ART Verwünschung

VERWENDUNG Verlangsamt die Bewegungen des Ziels.

WORTHERKUNFT Im Lateinischen bedeutet *impedimentum* »Hindernis«.

EMPFOHLENE BEWEGUNG

ZAUBERMOMENT In *Der Feuerkelch* lernt Harry diese Verwünschung für die dritte Aufgabe des Trimagischen Turniers. Sie hilft sowohl gegen eine Acromantula als auch gegen einen Knallrümpfigen Kröter.

> **ANMERKUNG** Mit dieser Verwünschung kann man auch ein Ziel wegstoßen oder schweben lassen.

Imperius-Fluch

ART Fluch

VERWENDUNG Zwingt dem Ziel den Willen des Anwenders auf.

WORTHERKUNFT Im Lateinischen bedeutet *imperare* »herrschen«.

ZAUBERMOMENT In *Der Halbblutprinz* wendet Draco Malfoy den Imperius-Fluch auf Madame Rosmerta an, als er Albus Dumbledore töten will.

> **ANMERKUNG** Dies ist einer der drei Unverzeihlichen Flüche. Anders als bei den beiden anderen kann das Opfer aber mit großer Willenskraft widerstehen. In den Zaubererkriegen fielen viele Menschen diesem Fluch zum Opfer.

Versetzt das Opfer in einen ruhigen, tranceartigen Zustand.

∽ VERWÜNSCHUNGEN, VERHEXUNGEN UND FLÜCHE ∽

Kaskadenfluch

ART Verwünschung

VERWENDUNG Greift mehrere Ziele auf einmal an.

WORTHERKUNFT k. A.

ZAUBERMOMENT Dieser Zauber kommt im Videospiel *Harry Potter und die Heiligtümer des Todes – Teil 1* vor.

> **ANMERKUNG** Dieser Zauber »explodiert« und wirkt sich auf jedes Ziel in Reichweite aus.

Knallbonbon-Zauber

ART Verwünschung

VERWENDUNG Beschwört Zauber-Knallbonbons herbei.

WORTHERKUNFT k. A.

ZAUBERMOMENT Dieser Zauber kommt im Videospiel *Der Gefangene von Askaban* vor.

Außerdem erzeugen Zauber-knallbonbons eine blaue Rauchwolke.

> **ANMERKUNG** Ein Zauberknallbonbon ist ähnlich wie ein Muggelknallbonbon, nur dass es lauter knallt und die Geschenke im Inneren besonders sind.

Langlock

ART Verwünschung

VERWENDUNG Lässt die Zunge des Ziels am Gaumen kleben.

WORTHERKUNFT Im Lateinischen bedeutet *lingua* »Zunge«.

ZAUBERMOMENT In *Der Halbblutprinz* wendet Harry diesen Zauber auf Peeves an. Der konnte zwar nicht mehr sprechen, was ihn aber nicht von unhöflichen Gesten abhielt.

> **ANMERKUNG** Dieser Zauberspruch wurde in den 1970ern von Severus Snape erfunden.

Lauchfluch

ART Verwünschung

VERWENDUNG Lässt Lauchstangen aus den Ohren des Ziels sprießen.

WORTHERKUNFT k. A.

ZAUBERMOMENT In *Der Gefangene von Askaban* landen ein Viertklässler aus Gryffindor und ein Sechstklässler aus Slytherin im Krankenflügel, weil Lauchstangen aus ihren Ohren wachsen, nachdem sie sich vor einem Quidditch-Spiel zwischen ihren Häusern gestritten haben.

> **ANMERKUNG** Dies ist die einzige Erwähnung dieser Verwünschung im Harry-Potter-Universum.

Levicorpus

ART Verwünschung

VERWENDUNG Hebt das Ziel kopfüber in die Luft.

WORTHERKUNFT Im Lateinischen bedeutet *levare* »heben« und *corpus* bedeutet »Körper«.

ZAUBERMOMENT In *Der Orden des Phönix* probiert Harry diesen Zauberspruch am schlafenden Ron aus.

ANMERKUNG Dieser Zauberspruch wurde von Severus Snape gezielt für die ungesagte Anwendung entwickelt.

Locomotor Mortis

ART Fluch

VERWENDUNG Lasst die Beine des Ziels zusammenkleben.

WORTHERKUNFT Im Lateinischen bedeutet *locus* »Ort«, *movere* bedeutet »bewegen« und *mors* bedeutet »Tod«.

EMPFOHLENE BEWEGUNG

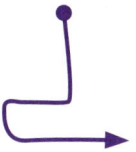

ZAUBERMOMENT In *Der Stein der Weisen* wendet Draco Malfoy diesen Fluch gegen Neville Longbottom an, der daraufhin bis zum Gryffindorturm zurückhüpfen muss.

ANMERKUNG Dieser Fluch ist auch als Beinklammerfluch bekannt.

Locomotor Wibbly

ART Fluch

VERWENDUNG Lässt die Beine des Ziels zusammenklappen.

WORTHERKUNFT Von den englischen Begriffen *locomotion* (»Bewegung«) und *wibbly*, was sich wohl auf *wobbly* (»wackelig«) bezieht.

EMPFOHLENE BEWEGUNG

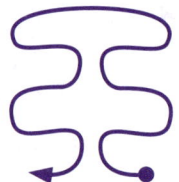

ZAUBERMOMENT Dieser Fluch findet sich in Vindictus Viridians Buch *Flüche und Gegenflüche*.

> **ANMERKUNG** Der Fluch ist auch als der Wabbelbein-Fluch bekannt.

Melofors

ART Verwünschung

VERWENDUNG Hüllt den Kopf des Ziels in einen Kürbis.

WORTHERKUNFT Vom englischen Begriff *melon* (»Melone«) und dem lateinischen Begriff *forma* (»Gestalt«).

ZAUBERMOMENT In den LEGO-Videospielen kann man diesen Zauber gegen Erklinge einsetzen.

> **ANMERKUNG** Albus Dumbledore kann sich in *Der Orden des Phönix* der Festnahme entziehen, verpasst dabei aber der Legende nach Cornelius Fudge einen Kürbiskopf.

VERWÜNSCHUNGEN, VERHEXUNGEN UND FLÜCHE

Mimblewimble

ART Fluch

VERWENDUNG Lässt das Ziel Dinge falsch aussprechen.

WORTHERKUNFT Beruht vermutlich auf undeutlichem Murmeln.

EMPFOHLENE BEWEGUNG

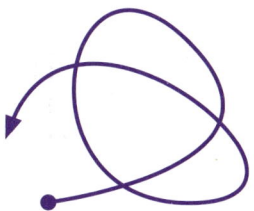

ZAUBERMOMENT Im Videospiel *Die Kammer des Schreckens* lehrt Gilderoy Lockhart diesen Zauber im Duellierclub.

> **ANMERKUNG** In *Der Stein der Weisen* murmelt Onkel Vernon so etwas wie »Mimbelwimbel«, als Hagrid herausfindet, dass Harry nichts von der Welt der Zauberer weiß.

Molly Weasleys Fluch

ART Fluch

VERWENDUNG Tötet das Ziel.

WORTHERKUNFT k. A.

ZAUBERMOMENT Während der Schlacht von Hogwarts tötet Molly Weasley im Zorn Bellatrix Lestrange mit diesem Fluch, nachdem diese beinahe Ginny Weasley umgebracht hätte.

> **ANMERKUNG** Im Buch *Die Heiligtümer des Todes* tötet der Fluch Bellatrix Lestrange und sie sackt einfach zu Boden. Im Film löst sie sich vollkommen auf.

Mucus Ad Nauseam

ART Fluch

VERWENDUNG Verpasst dem Ziel eine starke Erkältung und eine heftig laufende Rotznase.

WORTHERKUNFT Im Lateinischen bedeutet *mucus* »Rotz« und *ad nauseam* bedeutet »bis zum Erbrechen«.

EMPFOHLENE BEWEGUNG

ZAUBERMOMENT In *Der Stein der Weisen* droht Ron damit, diesen Fluch zu lernen und Hermine und Neville damit zu belegen, wenn sie ihn und Harry verraten, die sich mit Draco Malfoy duellieren wollen.

ANMERKUNG Als Gegenmittel gegen diesen Fluch hilft wohl ein Aufpäppeltrank.

Naseneiter-Fluch

ART Verwünschung

VERWENDUNG Lässt gelben Eiter aus der Nase des Ziels schießen.

WORTHERKUNFT k. A.

ZAUBERMOMENT In *Der Halbblutprinz* wendet Morfin Gaunt diese Verwünschung gegen Bob Ogden an, als der sich nicht wegschicken lässt.

ANMERKUNG Ogden kann den Zauber mühelos beenden und »die ekelhafte gelbliche Schmiere« aus seiner Nase stoppen.

VERWÜNSCHUNGEN, VERHEXUNGEN UND FLÜCHE

Ohrschrumpel-Fluch

ART Fluch

VERWENDUNG Lässt die Ohren des Ziels verschrumpeln.

WORTHERKUNFT k. A.

ZAUBERMOMENT In *Der Feuerkelch* erfährt man, dass Bill Weasleys Brieffreundin aus einer brasilianischen Zaubererschule ihm einst einen mit diesem Fluch belegten Hut geschickt hat, weil Bill es sich nicht leisten konnte, sie zu besuchen.

> **ANMERKUNG** Dies ist die erste Erwähnung anderer Zaubererschulen.

Oppugno

ART Verwünschung

VERWENDUNG Greift das Ziel mit einem bestimmten Gegenstand oder Wesen an.

WORTHERKUNFT Im Lateinischen bedeutet *oppugno* »ich greife an«.

ZAUBERMOMENT In *Der Halbblutprinz* greift Hermine Ron mithilfe dieses Zaubers mit einem Schwarm Kanarienvögel an.

> **ANMERKUNG** Dieser Zauber funktioniert nur mit Lebewesen, die der Zauberer bereits kontrolliert.

Orbis

ART Verwünschung

VERWENDUNG Saugt das Ziel in den Boden hinab.

WORTHERKUNFT Im Lateinischen bedeutet *orbis* »Kreis«.

ZAUBERMOMENT Dieser Zauberspruch kommt nur im Videospiel *Der Feuerkelch* vor.

> **ANMERKUNG** Die Verwünschung wirkt nur auf ein bereits schwebendes Ziel. Der Name bezieht sich vermutlich auf die Sphäre, die das Ziel zu Boden zieht.

Petrificus Totalus

ART Fluch

VERWENDUNG Lähmt das Ziel.

WORTHERKUNFT Im Lateinischen bedeutet *petrificare* »in Stein verwandeln« und *totus* bedeutet »ganz«.

EMPFOHLENE BEWEGUNG

ZAUBERMOMENT In *Der Halbblutprinz* wendet Albus Dumbledore diesen Fluch ungesagt auf Harry an, damit er sich während des Kampfs im Astronomieturm weder bewegt, noch spricht.

> **ANMERKUNG** Dieser Fluch wird auch Ganzkörperklammerfluch genannt.

∽ VERWÜNSCHUNGEN, VERHEXUNGEN UND FLÜCHE ∽

Redactum Skullus

ART Verhexung

VERWENDUNG Lässt den Kopf des Ziels schrumpfen.

WORTHERKUNFT Von den englischen Begriffen *redact* (»bearbeiten«) und *skull* (»Schädel«).

ZAUBERMOMENT In L*EGO Harry Potter: Die Jahre 1–4* kann man diesen Zauber bei Wiseacres Zauberausrüstung kaufen.

> **ANMERKUNG** Dieser Zauber ist ein Gegenmittel gegen »Engorgio Skullus«.

Reducto

ART Fluch

VERWENDUNG Pulverisiert das Ziel.

WORTHERKUNFT Im Mittelenglischen bedeutet *redusen* »verkleinern«.

EMPFOHLENE BEWEGUNG

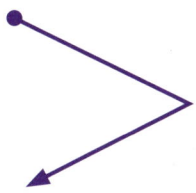

ZAUBERMOMENT In *Der Feuerkelch* sprengt Harry mit diesem Zauber während der dritten Aufgabe des Trimagischen Turniers ein Loch in eine Hecke des Labyrinths.

> **ANMERKUNG** Dieser Zauber wird auch als Reduktor-Fluch bezeichnet.

Relaschio

ART Verwünschung

VERWENDUNG Zwingt das Ziel zum Loslassen.

WORTHERKUNFT Im Französischen bedeutet *relâcher* »entspannen«.

ZAUBERMOMENT In *Die Heiligtümer des Todes* zwingt Hermine Corban Yaxley mit diesem Zauberspruch, sie loszulassen.

> **ANMERKUNG** Dieser Zauber ist auch als Verekelfluch bekannt.

Sardinenfluch

ART Verhexung

VERWENDUNG Lässt das Ziel Sardinen niesen.

WORTHERKUNFT k. A.

ZAUBERMOMENT Im Videospiel *Die Kammer des Schreckens* erwähnt Hagrid, dass er einmal mit einem solchen Zauber belegt wurde.

> **ANMERKUNG** Dieser Zauber könnte mit »Slugulus Ructo« oder dem Flederwichtfluch verwandt sein.

VERWÜNSCHUNGEN, VERHEXUNGEN UND FLÜCHE

Schleuderfluch

ART Verhexung

VERWENDUNG Bewirkt, dass ein Besen seinen Reiter abzuwerfen versucht.

WORTHERKUNFT k. A.

ZAUBERMOMENT In *Der Gefangene von Askaban* konfisziert Minerva McGonagall Harrys Feuerblitz, der ihm anonym zugeschickt worden ist, weil er unter anderem mit einem Schleuderfluch belegt sein könnte.

> **ANMERKUNG** Dies könnte derselbe Fluch sein, mit dem Quirinus Quirrell Harrys Besen in *Der Stein der Weisen* belegt.

Sectumsempra

ART Fluch

VERWENDUNG Fügt dem Ziel tiefe Schnitte zu.

WORTHERKUNFT Im Lateinischen bedeutet *secare* »schneiden« und *semper* bedeutet »immer«.

ZAUBERMOMENT In *Der Halbblutprinz* wendet Harry diesen Fluch gegen Draco Malfoy an, ohne zu wissen, wie er wirkt. Harry hätte Draco damit töten können, hätte Snape ihn nicht sofort geheilt.

> **ANMERKUNG** Mit diesem Zauber beigebrachte Schnitte können zwar mit »Vulnera Sanentur« geheilt werden, aber abgetrennte Körperteile bleiben verloren.

Deswegen kann George heute wieder gut hören.

Slugulus Eructo

ART Fluch

VERWENDUNG Lässt das Ziel Schnecken erbrechen.

WORTHERKUNFT Vom englischen Begriff *slug* (»Schnecke«) und dem lateinischen Begriff *eructo* (»ich speie aus«).

ZAUBERMOMENT In *Die Kammer des Schreckens* will Ron Draco Malfoy mit diesem Fluch belegen, aber das geht dank seines kaputten Zauberstabs nach hinten los und er wird stattdessen selbst getroffen.

> **ANMERKUNG** Dieser Zauber wird erstmals in *LEGO Harry Potter: Die Jahre 1–4* erwähnt.

Steleus

ART Verhexung

VERWENDUNG Lässt das Ziel ununterbrochen niesen.

WORTHERKUNFT Im Lateinischen bedeutet *stilla* »Flüssigkeitströpfchen«.

ZAUBERMOMENT Dieser Zauber wird nur im Videospiel *Der Gefangene von Askaban* erwähnt.

> **ANMERKUNG** Dieser Zauber kann während eines Duells recht nützlich sein.

VERWÜNSCHUNGEN, VERHEXUNGEN UND FLÜCHE

Stolperfluch

ART Verwünschung

VERWENDUNG Lässt das Ziel stolpern.

WORTHERKUNFT k. A.

ZAUBERMOMENT In *Der Orden des Phönix* fängt Draco Malfoy Harry mit diesem Zauber, als der aus dem Raum der Wünsche flieht.

ANMERKUNG Das Opfer dieser Verwünschung fühlt sich, als wickelte sich etwas um seine Beine.

Tabu

ART Verwünschung

VERWENDUNG Löst einen Alarm aus, sobald ein mit dem Zauber belegtes Wort ausgesprochen wird.

WORTHERKUNFT k. A.

ZAUBERMOMENT In *Die Heiligtümer des Todes* belegen die Todesser das Wort »Voldemort« mit einem Tabu. Das hilft ihnen, Mitglieder des Ordens des Phönix und Dumbledores Armee zu fangen, da andere zu viel Angst haben, diesen Namen auszusprechen.

ANMERKUNG Wenn man ein Tabu auf ein Wort legt, kann man den Sprecher aufspüren und durchbricht alle Schutzzauber.

Tarantallegra

ART Verwünschung

VERWENDUNG Lässt das Ziel unkontrolliert tanzen.

WORTHERKUNFT Im Italienischen ist *tarantella* ein Tanz und *allegra* bedeutet »glücklich«.

EMPFOHLENE BEWEGUNG

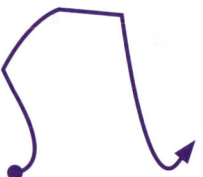

ZAUBERMOMENT In *Die Kammer des Schreckens* belegt Draco Malfoy Harry bei ihrem ersten Treffen im Duellierclub mit diesem Zauber.

> **ANMERKUNG** Dieser Zauber wirkt nicht nur auf Menschen. Im Jahr 79 löste der Hexenmeister Zaccaria Innocenti mit diesem Zauber einen »Tanz« im Vesuv aus.

Tentaclifors

ART Verwünschung

VERWENDUNG Verwandelt den Kopf des Ziels in einen Tentakel.

WORTHERKUNFT Vom englischen Begriff *tentacle* (»Tentakel«) und dem lateinischen Begriff *forma* (»Gestalt«).

ZAUBERMOMENT Dieser Zauber wird nur in *LEGO Harry Potter: Die Jahre 5–7* erwähnt.

> **ANMERKUNG** Es ist nicht klar, ob diese Verwünschung nur den Kopf des Ziels betrifft.

VERWÜNSCHUNGEN, VERHEXUNGEN UND FLÜCHE

Titillando

ART Verhexung

VERWENDUNG Kitzelt und schwächt das Ziel.

WORTHERKUNFT Vermutlich vom englischen Begriff *titillate* (»kitzeln«)

EMPFOHLENE BEWEGUNG

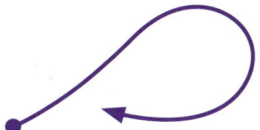

ZAUBERMOMENT Dieser Zauber findet sich in Vindictus Viridians *Flüche und Gegenflüche.*

> **ANMERKUNG** Auch als Kitzelzauber bekannt. Es ist nicht bekannt, inwiefern sich dieser Zauber von »Rictusempra« unterscheidet.

Transmutations-Tortur

ART Fluch

VERWENDUNG Foltert das Opfer zu Tode.

WORTHERKUNFT k. A.

ZAUBERMOMENT In *Die Kammer des Schreckens* nimmt Gilderoy Lockhart irrtümlich an, dass Mrs. Norris mit diesem Zauber getötet wurde, während sie in Wahrheit versteinert ist.

> **ANMERKUNG** Transmutieren bedeutet umfangreich verwandeln, das Opfer wird also mit grotesken Verwandlungen gefoltert.

Ventus

ART Verwünschung

VERWENDUNG Lässt einen Wirbelsturm aus der Zauberstabspitze strömen.

WORTHERKUNFT Im Lateinischen bedeutet *ventus* »Wind«.

ZAUBERMOMENT Dieser Zauber wird erstmals im Videospiel *Der Feuerkelch* als Attacke gegen Lebewesen und Gegenstände erwähnt.

> **ANMERKUNG** »Ventus Duo« und »Ventus Tria« sind stärke Versionen dieser Verwünschung.

Wabbelfinger-Fluch

ART Fluch

VERWENDUNG Macht die Finger des Ziels wabbelig.

WORTHERKUNFT k. A.

ZAUBERMOMENT Im Newsletter des *Tagespropheten* wird über ein Quidditch-Match zwischen Pride of Portree und den Appleby Arrows berichtet, dass der Sucher der unterlegenen Mannschaft den Sucher der Siegermannschaft beschuldigt habe, ihn mit diesem Fluch belegt zu haben.

> **ANMERKUNG** Das ist das einzige Mal, dass dieser Fluch im Harry-Potter-Universum erwähnt wird.

VERWÜNSCHUNGEN, VERHEXUNGEN UND FLÜCHE

Wabbelhirn-Fluch

ART Verwünschung

VERWENDUNG Verwirrt die Gedanken des Ziels (vermutlich).

WORTHERKUNFT k. A.

ZAUBERMOMENT In einem Newsletter des *Tagespropheten* wird berichtet, dass viele Fans der Holyhead Harpies diesen Zauber während der Unruhen nach dem Spiel gegen Eintracht Pfützensee 1999 einsetzten.

> **ANMERKUNG** 1998 und 1999 konnten Mitglieder des offiziellen, britischen Harry Potter Fan Club vier von J. K. Rowling herausgegebene Ausgaben des Tagespropheten in Händen halten.

Zehennagelfluch

ART Verhexung

VERWENDUNG Lässt die Zehennägel des Ziels unnatürlich schnell wachsen.

WORTHERKUNFT k. A.

ZAUBERMOMENT In *Der Halbblutprinz* findet Harry diesen Zauber im Zaubertränkebuch des Halbblutprinzen und probiert ihn an Crabbe aus.

> **ANMERKUNG** Dieser Zauberspruch wurde von Severus Snape erfunden.

Nur eine kleine Auswahl

KAPITEL 4

MAGISCHE GEGENSTÄNDE

Bemerkenswerte magische Gegenstände aus der Welt der Zauberer.

Kristallkugel

BESCHREIBUNG Eine gläserne Kugel voller wabernder Nebel.

VERWENDUNG Dient der Wahrsagerei.

VERZAUBERUNGEN Unbekannt

> **ANMERKUNG** Wie Sybill Trelawney während der Schlacht von Hogwarts demonstriert, können Kristallkugeln auch als Wurfgeschosse dienen.

GESCHICHTE In Hogwarts steht die Wahrsagerei mit der Kristallkugel im dritten Schuljahr auf dem Lehrplan.

Süßigkeiten

BESCHREIBUNG Diverse Süßigkeiten und Konfekte.

VERWENDUNG Zur Freude des Genießers.

ZAUBER Zauberer-Süßigkeiten sind meist aus einer bunten Vielfalt an Zaubern und magischen Zutaten zubereitet.

Schokofrösche werden mit 70 % Kakaoanteil gemacht und hüpfen wie richtige Frösche umher.

Bertie Botts Bohnen jeder Geschmacksrichtung sind in allen erdenklichen Geschmacksrichtungen erhältlich.

Druhbels Bester Blaskaugummi lässt den Kauer extrem lange haltbare Blasen machen und soll »nie seinen Geschmack verlieren«.

Zischende Wissbies sind Brausekugeln, die den Esser schweben lassen.

Eismäuse lassen die »Zähne klappern und quieken«.

Die Schwebewirkung der Zischenden Wissbies kommt vom Stachelgift des Billywig und ist nicht magischen Ursprungs.

MAGISCHE GEGENSTÄNDE

Pfefferkobolde lassen beim Essen Rauch aus Mund und Nase quellen.

Zahnweiß-Pfefferminzlakritze funktionieren beim Kauen wie Zahnseide.

GESCHICHTE Hogwarts-Schüler können magische Süßigkeiten bei Ausflügen nach Hogsmeade im Honigtopf kaufen. Der Süßwarenladen eröffnete 1641 und wird von Ambrosius Flume und seiner Frau geführt.

ANMERKUNG Jede Wirkung magischer Süßigkeiten ist vorübergehend und völlig harmlos.

Zaubertrankkessel

BESCHREIBUNG Großer Kochtopf aus Metall.

VERWENDUNG Dient zur Herstellung von Zaubertränken.

VERZAUBERUNGEN Alle Zaubertrankkessel sind magisch leichter gemacht. Manche rühren ihren Inhalt auch selbst um.

GESCHICHTE J. K. Rowling zufolge werden diese Kessel schon seit Jahrhunderten verwendet.

ANMERKUNG Die Erstklässler in Hogwarts müssen einen Zinnkessel der Normgröße 2 mitbringen.

Die Heiligtümer des Todes
Ausmacher

BESCHREIBUNG Sieht aus wie ein kleines Feuerzeug.

VERWENDUNG Löscht alle Lampen in der Umgebung.

VERZAUBERUNGEN Unbekannt.

GESCHICHTE Erfunden von Albus Dumbledore, der ihn auch zu einem Ortungsgerät für Ron verzauberte. In *Die Heiligtümer des Todes* kann er damit Harry und Hermine hören, sobald diese seinen Namen aussprechen, und direkt neben ihnen apparieren.

> **ANMERKUNG** Auch als Ausschalter und Entleuchter bekannt.

Denkarium

BESCHREIBUNG Eine flache Steinschale, die mit uralten Runen und Symbolen verziert ist.

VERWENDUNG Speicherung und Betrachtung der eigenen Gedanken.

VERZAUBERUNGEN Unbekannt.

GESCHICHTE Denkarien sind sehr selten. Normalerweise beerdigt man ein persönliches Denkarium mit seinem Besitzer, aber das Denkarium in Hogwarts wird als Nachschlagewerk von Schulleiter zu Schulleiter weitergegeben.

> **ANMERKUNG** Albus Dumbledore sagte, dass man »einfach die überschüssigen Gedanken aus dem Kopf saugt«, in der Schale versenkt und sich je nach Laune wieder ansieht. Das Denkarium gibt die Erinnerung detailliert wieder, sodass man neue Aspekte entdecken kann.

MAGISCHE GEGENSTÄNDE

Elderstab

BESCHREIBUNG Holunderholz, etwa 38 Zentimeter lang, im Kern ein Schweifhaar eines Thestrals.

VERWENDUNG Ermöglicht ansonsten unmögliche Zaubereien und schlägt alle anderen Zauberstäbe.

VERZAUBERUNGEN k. A.

GESCHICHTE Nach dem Märchen von den drei Brüdern wurde der Stab vom Tod hergestellt und Antioch Peverell übergeben. Albus Dumbledore glaubte allerdings, dass Antioch Peverell den Stab selbst angefertigt hat und nicht der Tod.

> **ANMERKUNG** Auch als der Todesstab und Stab des Schicksals bekannt.

Fahrender Ritter

BESCHREIBUNG Ein violetter Dreideckerbus.

VERWENDUNG Magisches Transportmittel.

VERZAUBERUNGEN Unbekannt, aber vermutlich ist ein Imperturbatio-Zauber dabei.

GESCHICHTE Das Zaubereiministerium stellt den Fahrenden Ritter als Transportmittel für Minderjährige und Notfälle.

> **ANMERKUNG** 1993 kostet die Fahrt von Little Whinging nach London Harry 11 Sickel. Hexen und Zauberer bestellen den Bus, indem sie ihren Zauberstab ruckartig in die Höhe strecken.

Feindglas

BESCHREIBUNG Ein magischer Spiegel.

VERWENDUNG Zeigt sich nähernde Feinde des Besitzers.

VERZAUBERUNGEN Aufspürzauber (vermutlich).

GESCHICHTE Unbekannt.

> **ANMERKUNG** Dieses Objekt ist ein Antiobskurant. Glaubt man Barty Crouch jr. (als Alastor Moody verkleidet), steht der Feind direkt hinter einem, wenn man das Weiße in seinen Augen sieht.

Feuerkelch

BESCHREIBUNG Ein hölzerner Trinkkelch voller blauweißer Flammen.

VERWENDUNG Wählt die Champions des Trimagischen Turniers aus.

VERZAUBERUNGEN Unbekannt.

GESCHICHTE Unbekannt.

Die Flammen färben sich bei der Namenswahl rot.

> **ANMERKUNG** Der Kelch wird in einer uralten, juwelenverzierten Truhe aufbewahrt. Wenn es Zeit wird, die Champions für ein neues Trimagisches Turnier auszuwählen, tippt man dreimal mit einem Zauberstab auf die Kiste und sie öffnet sich. Es bedarf eines sehr mächtigen Verwirrungszaubers, damit der Kelch die Auswahlregeln bricht.

⁓ MAGISCHE GEGENSTÄNDE ⁓

Fliegende Teppiche

BESCHREIBUNG Ein Muggelteppich, der verzaubert wurde, damit er fliegt.

VERWENDUNG Transport vor allem für kleine Gruppen.

VERZAUBERUNGEN Flug.

GESCHICHTE Fliegende Teppiche waren lange Zeit in Asien und dem Nahen Osten sehr beliebt, aber in Großbritannien wurden sie verboten, weil sie Muggelgegenstände sind.

> **ANMERKUNG** Fliegende Teppiche waren vor allem bei Familien beliebt und sind wohl sehr viel bequemer als Besen.

Flohpulver

BESCHREIBUNG Ein glitzerndes Pulver.

VERWENDUNG Ermöglicht es Hexen und Zauberern, zwischen mit dem Flohnetzwerk verbundenen Kaminen zu reisen.

VERZAUBERUNGEN Unbekannt.

GESCHICHTE Wurde im 13. Jahrhundert von Ignatia Wildsmith erfunden. Der einzige Hersteller in Großbritannien ist Floh-Pu in der Winkelgasse.

Das ist echt ein Geheimnis.

> **ANMERKUNG** Flohpulver kostet traditionell 2 Sickel pro Messlöffel, weshalb der Heiler und Sprecher des St.-Mungo-Hospitals Rutherford Poke durch selbst gemachtes Flohpulver Verletzte als »Geizkragen« beschimpft.

Ford Anglia

BESCHREIBUNG Ein hellblauer Kleinwagen.

VERWENDUNG Transportiert Menschen und Gepäck.

VERZAUBERUNGEN Flug, Ausdehnungszauber, Unsichtbarkeit.

GESCHICHTE Arthur Weasley modifizierte sein Muggelauto 1992 oder früher.

> **ANMERKUNG** Der Ford Anglia wird unerklärlicherweise halb-bewusst, als er in *Die Kammer des Schreckens* Ron, Harry und Fang im Verbotenen Wald vor Aragogs Familie rettet. Ron glaubt, dass das Auto im Wald verwildert ist.

Gewöhnlicher Tarnumhang

BESCHREIBUNG Ein verzauberter oder aus Demiguise-Haar gemachter Umhang.

VERWENDUNG Macht den Träger unsichtbar.

VERZAUBERUNGEN Desillusionierungszauber oder Blendzauber.

GESCHICHTE Man weiß nicht, ab wann diese Umhänge hergestellt wurden, aber Barty Crouch versteckt seinen Sohn erfolgreich in einem solchen Umhang, nachdem er ihn aus Askaban herausgeschmuggelt hat.

> **ANMERKUNG** Anders als Harrys Tarnumhang, der ein Heiligtum des Todes ist, verlieren die meisten Tarnumhänge mit der Zeit ihre Wirkung. Demiguise-Haar verfällt mit den Jahren, und die Zauber lassen allmählich nach.

MAGISCHE GEGENSTÄNDE

Gubraith-Feuer

BESCHREIBUNG Feuer.

VERWENDUNG Kochen, Wärme, Licht etc., ohne dass die Flammen je verlöschen.

VERZAUBERUNGEN Unbekannt.

GESCHICHTE Albus Dumbledore schenkte den Riesen kurz vor dem Zweiten Zaubererkrieg dieses Feuer.

> **ANMERKUNG** Das Gubraith-Feuer kann nur mit einem sehr komplexen Zauber erzeugt werden, den nur wenige Zauberer zustande bringen.

Heuler

BESCHREIBUNG Ein roter Briefumschlag mit einer Botschaft.

VERWENDUNG Gibt eine aufgezeichnete Nachricht mit sehr lauter Stimme wieder. Ein Heuler explodiert, wenn der Empfänger ihn nicht schnell öffnet.

VERZAUBERUNGEN Unbekannt.

GESCHICHTE Es ist nicht bekannt, wann die Heuler erfunden wurden, aber Neville Longbottom erzählte, er habe einen von seiner Großmutter bekommen, bevor Ron 1992 einen von seiner Mutter erhält. Heuler sind auch nach den Vorfällen während der Quidditch-Weltmeisterschaft von 1994 ein beliebtes Mittel, um das Zaubereiministerium zu kritisieren.

> **ANMERKUNG** Nach der Zustellung steigt die Temperatur des Heulers schnell an und er explodiert, wenn man ihn nicht öffnet. Nachdem die Nachricht wiedergegeben wurde, verbrennt der Heuler zu Asche.

Karte des Rumtreibers

BESCHREIBUNG Eine verzauberte Karte auf Pergament.

VERWENDUNG Zeigt detailliert Hogwarts und Umgebung und den Standort aller Menschen in diesem Gebiet.

VERZAUBERUNGEN Homunculus-Zauber, Abwehrzauber.

GESCHICHTE Die Karte wurde von James Potter, Sirius Black, Remus Lupin und Peter Pettigrew während ihrer Zeit in Hogwarts geschaffen. Sie zeigt sieben Geheimgänge von Hogwarts nach Hogsmeade, aber weder den Raum der Wünsche noch die Kammer des Schreckens.

> **ANMERKUNG** Die Karte lässt sich nicht mit Vielsaft-Trank, Animagi oder Tarnumhängen täuschen. Sie kann nur durch den Satz »Ich schwöre feierlich, dass ich ein Tunichtgut bin« aktiviert werden und löscht sich, wenn der Besitzer sagt: »Unheil angerichtet.« Ein Abwehrzauber hindert Severus Snape daran, die Karte zu lesen, und beleidigt ihn stattdessen.

Omnigläser

BESCHREIBUNG Ferngläser aus Messing mit ungewöhnlichen Knöpfen und Skalen.

VERWENDUNG Vergrößern, spulen zurück, geben erneut wieder, verlangsamen und blenden Informationen zu dem ein, was der Träger betrachtet.

VERZAUBERUNGEN Unbekannt.

GESCHICHTE Omnigläser werden bei Quidditch-Spielen verkauft. Bei der Weltmeisterschaft 1994 kosten sie 10 Galleonen.

> **ANMERKUNG** Im Lateinischen bedeutet *omni* »alles« und *oculus* bedeutet »Auge«.

◦∾ MAGISCHE GEGENSTÄNDE ∾◦

Porträts in Hogwarts

BESCHREIBUNG Sehen aus wie ganz normale Gemälde, aber die Personen drauf können sich bewegen.

VERWENDUNG Nachrichtenübermittlung, Überwachung bestimmter Bereiche, Ratschläge für Schulleiter oder Schulleiterin.

VERZAUBERUNGEN Unbekannt.

GESCHICHTE Porträts werden schon seit Langem von malenden Zauberern verzaubert, sodass sie die typischen Gesichtsausdrücke und Lieblingssätze der Abgebildeten wiedergeben. Die Porträts der Hogwarts-Leiter wissen viel mehr zu sagen, weil die Leiter sie zu ihren Amtszeiten gründlich ausbilden.

> *ANMERKUNG* Magisch bewegte Fotos werden durch die Entwicklung in einem speziellen Zaubertrank hergestellt.

Seriositätssonde

BESCHREIBUNG Ein dünner goldener Stab, ähnlich einer Muggelmetallsonde.

VERWENDUNG Entdeckt Tarnzauber und verborgene magische Objekte.

VERZAUBERUNGEN Unbekannt.

GESCHICHTE In *Die Heiligtümer des Todes* übernehmen die Todesser Gringotts und bewachen die Türen mit Seriositätssonden.

> *ANMERKUNG* »Seriosität« bezieht sich hier auf die Qualität starker moralischer Prinzipien.

Spiegel Nerhegeb

BESCHREIBUNG Ein uralter Spiegel mit Klauenfüßen und einem Goldrahmen. Er trägt die Inschrift »NERHEGEB Z REH NIE DREBAZ TILT NANIEDTH CIN«, was spiegelbildlich gelesen »Nicht dein Antlitz aber dein Herzbegehren« bedeutet.

VERWENDUNG Zeigt das tiefste Begehren des Betrachters.

VERZAUBERUNGEN Unbekannt.

GESCHICHTE Pottermore zufolge weiß niemand, wer den Spiegel geschaffen hat oder wie er nach Hogwarts gekommen ist.

> **ANMERKUNG** 1991 manipuliert Albus Dumbledore den Spiegel so, dass er das perfekte Versteck für den Stein der Weisen wird. Der Stein wird nur für die Person freigegeben, die ihn begehrt, aber nicht benutzen will.

Menschen haben schon ihr Leben vor diesem Spiegel verschwendet.

Stein der Auferstehung

BESCHREIBUNG Ein kleiner Stein.

VERWENDUNG Lässt die Seele eines geliebten Menschen aus dem Grab auferstehen. Man muss den Stein dafür dreimal umdrehen.

VERZAUBERUNGEN k. A.

GESCHICHTE Nach dem Märchen von den drei Brüdern wurde der Stein vom Tod hergestellt und Cadmus Peverell übergeben. Er wurde über Generationen weitergegeben und schließlich in Marvolo Gaunts Ring gefasst, bevor Dumbledore ihn in einem Schnatz für Harry versteckte.

> **ANMERKUNG** Die mit dem Stein zurückgeholten Seelen sind weder Geister noch aus Fleisch und Blut.

∽ MAGISCHE GEGENSTÄNDE ∽

Tarnumhang

BESCHREIBUNG Ein Umhang mit einem nahezu perfekten Unsichtbarkeitszauber.

VERWENDUNG Lässt den Träger für das Auge unsichtbar werden.

VERZAUBERUNGEN k. A.

GESCHICHTE Nach dem Märchen von den drei Brüdern wurde der Umhang vom Tod hergestellt und Ignotus Peverell übergeben. Er wurde über Generationen weitergegeben und gehörte nacheinander James Potter, Albus Dumbledore und schließlich Harry.

Der Besitzer aller drei Heiligtümer wird zum Gebieter des Todes.

ANMERKUNG Der Tarnumhang hat die Generationen zwar unbeschadet überstanden, schützt seinen Träger aber nicht vor Zaubersprüchen oder davor, mit anderen Mitteln entdeckt zu werden, wie Alastor Moodys magisches Auge oder Zauber wie »Homenum Revelio«.

Quidditch Besen

BESCHREIBUNG Ein verzauberter Besenstiel.

VERWENDUNG Transportmittel für Hexen und Zauberer. Einige Modelle eignen sich für Rennen und andere Sportarten, vor allem Quidditch.

VERZAUBERUNGEN Flug (Zauber unbekannt), Polsterungszauber, Bremszauber, Desillusionierungszauber.

GESCHICHTE Erste schriftliche Erwähnung in einem deutschen Manuskript von 962.

> **ANMERKUNG** Wie in *Quidditch im Wandel der Zeiten* zu lesen ist, waren Zauberer anfangs recht sorglos im Gebrauch ihrer Besen. Auf Muggelzeichnungen sind Hexen und Zauberer oft auf Besen reitend zu sehen.

Enthüller

BESCHREIBUNG Ein leuchtend roter Radiergummi.

VERWENDUNG Macht unsichtbare Tinte sichtbar.

VERZAUBERUNGEN Aparecium.

GESCHICHTE In *Die Kammer des Schreckens* probiert Hermine ihren Enthüller an Tom Riddles Tagebuch aus.

> **ANMERKUNG** Enthüller werden auch im Videospiel *Harry Potter: Hogwarts Mystery* erwähnt.

MAGISCHE GEGENSTÄNDE

Erinnermich

BESCHREIBUNG Eine nebelgefüllte Glasmurmel.

VERWENDUNG Erinnert ihren Besitzer, wenn er etwas vergessen hat.

VERZAUBERUNGEN Farbwechselzauber.

GESCHICHTE Wird mindestens seit 1991 verwendet, als Neville Longbottom nachweislich eines besitzt.

> **ANMERKUNG** Der Nebel im Erinnermich ist meist weiß, färbt sich aber glühend rot, wenn man sie in der Hand hält und etwas vergessen hat. Leider teilt das Erinnermich seinem Besitzer nicht mit, was er vergessen hat.

Geheimnis-Detektor

BESCHREIBUNG Ein wie eine Zimmerantenne geformter Detektor für schwarze Magie.

VERWENDUNG Entdeckt Lügen und verborgene Dinge.

VERZAUBERUNGEN Unbekannt.

GESCHICHTE In *Der Feuerkelch* besitzt Barty Crouch jr. einen Geheimnis-Detektor, als er in Hogwarts als Alastor Moody auftritt.

> **ANMERKUNG** Der Geheimnis-Detektor vibriert, wenn er ein Sicherheitsrisiko entdeckt. Crouch hält ihn in Hogwarts für wirkungslos, wo die Schüler immer lügen, aber er wäre auch wegen seiner eigenen Lügen immer wieder losgegangen.

Goldener Schnatz

BESCHREIBUNG Ein goldener walnussgroßer Ball mit Flügeln.

VERWENDUNG Ein Spielball im Quidditch. Das Spiel endet, wenn der Sucher den Schnatz fängt und so 150 Punkte holt.

VERZAUBERUNGEN Flug, Körperspeicher.

GESCHICHTE Der Zauberer Bowman Wright erfand den Goldenen Schnatz irgendwann vor 1884.

> **ANMERKUNG** Ab 1269 fingen Sucher traditionell kleine Vögel, die Goldenen Schnatzer. Als diese vom Aussterben bedroht waren, suchten die Zauberer nach einem Ersatz.

Klatscher

BESCHREIBUNG Eine 18 Zentimeter große Eisenkugel.

VERWENDUNG Bei jedem Quidditch-Spiel gibt es zwei Klatscher. Die Treiber müssen sie von ihren Mannschaftskameraden fernhalten.

VERZAUBERUNGEN Flug, Knüppeln.

GESCHICHTE Die ersten Klatscher waren Steine, die verzaubert waren, um die Spieler zu verfolgen. Sie gingen aber durch die verzauberten Schläger der Treiber zu schnell kaputt, sodass man seit dem 16. Jahrhundert Eisenkugeln verwendet.

> **ANMERKUNG** Die frühen Klatscher wurden auch als »Blooder« bezeichnet.

MAGISCHE GEGENSTÄNDE

Quaffel

BESCHREIBUNG Ein etwa 30 Zentimeter großer roter Lederball.

VERWENDUNG Torwürfe beim Quidditch.

VERZAUBERUNGEN Greifzauber, Anti-Schwerkraft (um langsamer zu fallen).

GESCHICHTE Die ersten Quaffel bestanden aus Lederflicken und hatten Lederschlaufen oder Fingerlöcher. 1711 wurde der moderne Pennifold-Quaffel entwickelt, und 1875 ersetzten Greifzauber die Schlaufen und Fingerlöcher.

> **ANMERKUNG** Bei einem beliebten Foul, dem Quaffelpicken, verändern Jäger den Quaffel, meist indem sie Löcher hineinmachen. Dadurch soll der Quaffel im Zickzack fliegen oder schneller sinken.

Schreibfeder

BESCHREIBUNG Eine angespitzte Vogelfeder.

VERWENDUNG Schreiben.

VERZAUBERUNGEN Schreibfedern können mit den unterschiedlichsten Zaubern belegt sein:

Anti-Schummelfedern verhindern Schummeleien. Diese Federn sind bei Prüfungen in Hogwarts Pflicht.

Selbstantwortende Schreibfedern Liefern die Antworten auf Fragen und sind in Prüfungen in Hogwarts verboten.

Rechtschreibchecker korrigieren die Rechtschreibfehler des Schreibers.

Flotte-Schreibe-Federn machen für ihren Besitzer Notizen (manchmal mit wilden Ausschmückungen).

Schneidende Federn sind schwarzmagische Gegenstände, die mit Blut aus dem Handrücken des Schreibers schreiben.

Hogwarts-Aufnahmefeder registriert das Geburtsjahr jedes magischen Kinds in Großbritannien und Irland und schreibt seinen Namen ins Buch der Schüler.

GESCHICHTE In der Zaubererwelt sind Schreibfedern bis heute das Schreibgerät der Wahl, während Muggel eher moderne Kulis und Bleistifte verwenden.

> **ANMERKUNG** Es kommen ganz unterschiedliche Federn zum Einsatz, darunter Adler und Fasan. Gilderoy Lockhart gibt gerne mit einer Pfauenfeder Autogramme. Die Verzauberung ist nicht immer von Dauer, vor allem Rechtschreibchecker machen irgendwann mehr Fehler als sie korrigieren.

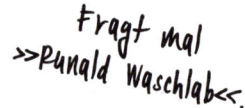

Fragt mal >>Runald Waschlab<<.

MAGISCHE GEGENSTÄNDE

Sirius Blacks Motorrad

BESCHREIBUNG Ein großes magisches Motorrad.

VERWENDUNG Transportmittel.

VERZAUBERUNGEN Flug, Vergrößerung, Drachenfeuer, Netz, Ziegelmauer.

GESCHICHTE 1977 nutzen Sirius Black und James Potter die Flugfähigkeit des Motorrads, um Muggelpolizisten zu entkommen, die sie aus unbekannten Gründen festnehmen wollen. Später leiht Sirius Hagrid das Motorrad, der damit Harry vom Haus der Dursleys abholt. Sechzehn Jahre später verlässt Harry während der Schlacht der Sieben Potters den Ligusterweg 4 im Beiwagen dieses Motorrads.

> **ANMERKUNG** Sirius vermacht das Motorrad nach seinem Tod Harry. Es wird in der Schlacht der Sieben Potters schwer beschädigt, aber laut J. K. Rowling kann Arthur Weasley es später wieder reparieren.

Spickoskop

BESCHREIBUNG Eine magische Alarmanlage in Form eines Kreisels.

VERWENDUNG Kreiselt, pfeift und leuchtet auf, wenn jemand in der Umgebung nicht vertrauenswürdig ist.

VERZAUBERUNGEN Unbekannt.

GESCHICHTE Das Spickoskop wurde im 18. Jahrhundert von Edgar Stroulger erfunden.

> **ANMERKUNG** Spickoskope gibt es in unterschiedlichen Größen und Empfindlichkeiten. Ron kauft sich im Urlaub in Ägypten ein billiges Spickoskop als Souvenir.

Sprechender Hut

BESCHREIBUNG Ein alter und schmutziger spitzer Zaubererhut.

VERWENDUNG Teilt die Erstklässler den vier Häusern von Hogwarts zu.

VERZAUBERUNGEN Legilimentik.

GESCHICHTE Der Hut gehörte ursprünglich Godric Gryffindor, einem der Gründer von Hogwarts. Im Lied, das der Hut 1994 singt, heißt es: »Die Gründer sollten mir verleih'n von ihrem Grips 'nen Teil ganz klein«, damit er auch nach ihrem Tod weiterhin die Schüler auf die vier Häuser verteilen kann.

> **ANMERKUNG** Der Hut singt vor jeder Einführungsfeier ein Lied. Dem Fast Kopflosen Nick zufolge warnt der Hut auch, wenn er eine große Gefahr für die Schule spürt.

Stein der Weisen

BESCHREIBUNG Ein Stein mit magischen Eigenschaften.

VERWENDUNG Verwandelt jedes Metall in Gold und liefert das Elexier des Lebens.

VERZAUBERUNGEN Unbekannt.

GESCHICHTE Der einzig bekannte Stein der Weisen wurde von Nicolas Flamel geschaffen, der sich und seine Frau damit für mehr als sechs Jahrhunderte am Leben hielt. Er und Albus Dumbledore beschließen, den Stein zu zerstören, nachdem Voldemort ihn 1992 zu stehlen versucht.

> **ANMERKUNG** Der Stein der Weisen kann nicht nur Metalle verändern und veredeln.

MAGISCHE GEGENSTÄNDE

Uhr der Weasleys

BESCHREIBUNG Eine Uhr mit neun goldenen Zeigern.

VERWENDUNG Zeigt den Aufenthaltsort oder Zustand jeder Person an, deren Name auf einen der Zeiger graviert ist.

VERZAUBERUNGEN Verfolgungszauber (vermutlich).

GESCHICHTE Die Uhr wird erstmals in *Die Kammer des Schreckens* erwähnt. Diese Uhren sind wohl nicht weit verbreitet, da Molly Weasley niemanden sonst mit einer solchen Uhr kennt.

ANMERKUNG Die Uhr zeigt verschiedene Orte wie Zuhause, Schule, Arbeit, Reise, Verlaufen, Gefängnis oder tödliche Gefahr an.

Verschwindekabinett

BESCHREIBUNG Ein schwarz-goldener Schrank.

VERWENDUNG Lässt Dinge und Menschen verschwinden.

VERZAUBERUNGEN Verschwindezauber, Beförderungszauber.

GESCHICHTE Arthur Weasley erzählt, dass Verschwindekabinette im Ersten Zaubererkrieg ein beliebtes Fluchtmittel waren.

ANMERKUNG Verschwindekabinette kommen oft paarweise vor, aber einzeln verkaufte Exemplare dienen wohl nur dazu, unerwünschte Dinge loszuwerden.

Weasleys Zauberhafte Zauberscherze

BESCHREIBUNG Verschiedene Spiele und Scherzartikel für Hexen und Zauberer.

VERWENDUNG Amüsement der Käufer, Streiche.

VERZAUBERUNGEN Eine große Vielfalt an Verzauberungen produziert verschiedene Spiele und Scherzartikel.

Kanarienkremschnitten Süßigkeiten, die den Esser kurzzeitig in einen Kanarienvogel verwandeln.

Stinkbomben Magische Stinkbomben, die im 19. Jahrhundert von Alberic Grunnion erfunden wurden.

Zauberschnippschnapp Ein Kartenspiel, dessen Karten spontan explodieren.

Langziehohren Erlauben dem Benutzer, mittels langer, fleischfarbener Schnüre Gespräche zu belauschen.

Patentierte Tagtraumzauber Ermöglichen dem Benutzer einen sehr realistischen, 30-minütigen Tagtraum.

Nasch-und-Schwänz-Leckereien Eine Auswahl von Bonbons, die Krankheiten auslösen und wieder heilen, sodass der Schüler einen Vorwand hat, den Unterricht zu schwänzen.

Würgzungen-Toffees sind mit einem Schwellzauber belegt und lassen die Zunge anschwellen.

Weasleys wildfeurige Wunderknaller Verzauberte Feuerwerkskörper, die explodieren, wenn sie von einem Schockzauber getroffen werden, und sich vervielfältigen, wenn man sie mit einem Verschwindezauber trifft.

GESCHICHTE Die Hogwarts-Schüler kaufen diese Art von Scherzartikeln gerne bei Zonkos, bis der Laden in *Der Halbblutprinz* im Rahmen von Voldemorts Machtergreifung geschlossen wird. Etwa um diese Zeit eröffnen Fred und George den Laden *Weasleys Zauberhafte Zauberscherze* in der Winkelgasse, wo sie Kunden mit ihrem schwarzen Humor anlocken.

ANMERKUNG Viele dieser Scherzartikel sind auf Drängen Argus Filchs in Hogwarts schon lange verboten. Nichtsdestotrotz sind Stinkbomben und Nasch-und-Schwänz-Leckereien ausgesprochen beliebt, vor allem während Dolores Umbridges Leitung.

»Du scheißt nie mehr« ist erschreckender als »Du weißt schon wer«.

∽ MAGISCHE GEGENSTÄNDE ∽

Zauberband

BESCHREIBUNG Transparentes Klebeband.

VERWENDUNG Verbindet Gegenstände vermutlich mit Magie statt mit Klebstoff.

VERZAUBERUNGEN Klebezauber.

GESCHICHTE Zauberband ist in der Welt der Zauberer weit verbreitet und hält Dinge zusammen, wenn Magie nicht funktioniert oder nicht ratsam ist. 1992 repariert Ron seinen gebrochenen Zauberstab damit.

> **ANMERKUNG** Zauberband hält Teile nur zusammen, stellt aber durch die Beschädigung verloren gegangene magische Eigenschaften nicht wieder her.

Zauberschach

BESCHREIBUNG Ein magisches Schachspiel mit sich selbst bewegenden Spielfiguren.

VERWENDUNG Brettspiel.

VERZAUBERUNGEN Unbekannt.

GESCHICHTE Zauberschach gibt es vermutlich schon seit Generationen. Rons Spiel gehörte beispielsweise einst seinem Großvater. Das ist ein Vorteil, denn neue Besitzer müssen ihren Figuren erst beibringen, ihnen zu vertrauen.

> **ANMERKUNG** Abgesehen davon, dass die Figuren auf Befehl die Stellung wechseln und andere Figuren brutal schlagen, unterscheidet sich Zauberschach nicht von Muggelschach.

Zeitumkehrer

BESCHREIBUNG Eine kleine goldene Sanduhr, die meist als Anhänger getragen wird.

VERWENDUNG Dreht die Zeit pro Umdrehung um eine Stunde zurück.

VERZAUBERUNGEN Stundendreh-Zauber.

GESCHICHTE Zeitumkehrer wurden kürzlich mithilfe von Professor Saul Croaker erfunden, der seine Karriere in der Mysteriumsabteilung der Erforschung von Zeitmagie gewidmet hat. Ihre Verwendung ist durch hunderte von Gesetzen geregelt, und sie dürfen nur zur Lösung absolut trivialer Zeitprobleme verwendet werden. 2020 erfindet Theodore Nott eine zweite Art von Zeitumkehrer, mit der der Nutzer so weit zurückreisen und dann in die Gegenwart zurückkehren kann, wie er will.

> **ANMERKUNG** Croaker zufolge erhöht eine Rückkehr um mehr als fünf Stunden ganz erheblich die Gefahr eines Schadens für den Reisenden und die Zeit selbst.

Bibliografische Information der Deutschen Nationalbibliothek
Die Deutsche Nationalbibliothek verzeichnet diese Publikation in der Deutschen Nationalbibliografie. Detaillierte bibliografische Daten sind im Internet über http://d-nb.de abrufbar.

Wichtiger Hinweis
Ausschließlich zum Zweck der besseren Lesbarkeit wurde auf eine genderspezifische Schreibweise sowie eine Mehrfachbezeichnung verzichtet. Alle personenbezogenen Bezeichnungen sind somit geschlechtsneutral zu verstehen.

Für Fragen und Anregungen
info@rivaverlag.de

6. Auflage 2022
© 2021 by riva Verlag, ein Imprint der Münchner Verlagsgruppe GmbH
Türkenstraße 89
80799 München
Tel.: 089 651285-0
Fax: 089 652096

Die amerikanische Originalausgabe erschien 2019 bei Topix Media Lab unter dem Titel *The Unofficial Ultimate Harry Potter Spellbook*. © 2019 by Topix Media Lab. All rights reserved.

Alle Rechte, insbesondere das Recht der Vervielfältigung und Verbreitung sowie der Übersetzung, vorbehalten. Kein Teil des Werkes darf in irgendeiner Form (durch Fotokopie, Mikrofilm oder ein anderes Verfahren) ohne schriftliche Genehmigung des Verlages reproduziert oder unter Verwendung elektronischer Systeme gespeichert, verarbeitet, vervielfältigt oder verbreitet werden.

Übersetzung: Brigitte Rüßmann und Wolfgang Beuchelt
Redaktion: Desirée Šimeg
Umschlaggestaltung: Isabella Dorsch
Umschlagabbildung: Shutterstock.com/Sergey Milushkin, Shutterstock.com/Andrea Danti, Shutterstock.com/Chursina Viktoriia, Shutterstock.com/Natykach Nataliia, Shutterstock.com/Oleksii.1994, Shutterstock.com/HappyPictures
Satz: MP Medien, Müjde Puzziferri, München
Druck: Firmengruppe APPL, aprinta Druck, Wemding
Printed in Germany

ISBN Print 978-3-7423-1761-2
ISBN E-Book (PDF) 978-3-7453-1463-2
ISBN E-Book (EPUB, Mobi) 978-3-7453-1464-9

Weitere Informationen zum Verlag finden Sie unter

www.rivaverlag.de

Beachten Sie auch unsere weiteren Verlage unter www.m-vg.de